문화콘텐츠 스토리텔링

제2판
문화콘텐츠 스토리텔링

2008년 10월 30일 제1판 발행
2022년 10월 10일 제2판 발행

지은이 | 정창권
교정교열 | 정난진
펴낸이 | 이찬규
펴낸곳 | 북코리아
등록번호 | 제03-01240호
주소 | 13209 경기도 성남시 중원구 사기막골로 45번길 14
      우림2차 A동 1007호
전화 | 02-704-7840
팩스 | 02-704-7848
이메일 | ibookorea@naver.com
홈페이지 | www.북코리아.kr
ISBN | 978-89-6324-899-8(93300)

값 14,000원

제2판

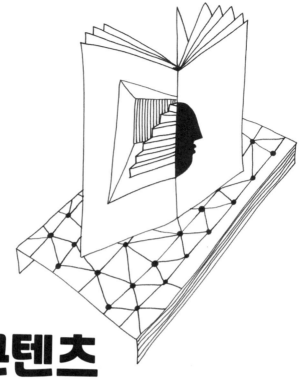

문화콘텐츠 스토리텔링

정창권 지음

Cultural
Contents
Storytelling

북코
리아

머리말

　21세기 들어 한국 경제가 심상찮다. 경상수지의 적자가 계속되고, 일자리가 눈에 띄게 줄어들고 있으며, 물가도 하늘 높은 줄 모르고 치솟고 있다. 게다가 장기 침제의 불안감까지…. 단지 고유가의 탓으로만 돌리기에는 왠지 상황이 만만찮아 보인다. 그럼에도 정부는 돌파구를 찾지 못하고, 학계나 산업계마저 뚜렷한 대안을 찾지 못하고 있다. 그런데 필자가 보기에 이는 인류 역사의 변천과정과 전 세계에 걸친 좀 더 근본적인 문제에 기인한 것이며, 우리나라는 그에 적절히 대응하지 못하여 겪고 있는 현상이 아닌가 한다.

　현재 선진국을 비롯한 전 세계는 제조업이나 단순 서비스 산업의 시대를 지나 문화산업·예술산업의 시대로 빠르게 재편되고 있다. 즉, 눈에 보이는 유형(有形)의 산업 시대에서 눈에 보이지 않은 무형(無形)의 산업 시대로 나아가고 있다. 그중에서도 특히 이야기를 바탕으로 한 감성 산업이 급속히 발달해가고 있다.

　미래학자 롤프 옌센(Rolf Jensen)은 미래사회를 '드림 소사이어티(dream

society)'로 보았다. 향후 세계는 이야기를 기반으로 한 감성에 의해 전개될 것이라는 말이다. 실제로 최근 이야기는 소설과 동화, 만화, 애니메이션, 영화, 드라마, 게임, 공연, 전시, 축제, 여행 등 다양한 영역에서 쓰이고 있다. 심지어 광고나 디자인, 상품개발, 기업경영 등에서도 활용되고 있다.

그에 따라 이야기를 매체에 맞게 표현하는 '스토리텔링(storytelling)'이 한창 뜨고 있다. 특히 스토리텔링은 위와 같이 각종 문화콘텐츠뿐 아니라 광고나 디자인, 상품개발 등의 기획과 창작 분야에서 핵심적인 역할을 담당하고 있다. 그래서 영국 같은 선진국은 스토리텔링을 21세기 새로운 국가사업으로 주목하고, 전문 스토리텔러를 양성하는 공립기관만 해도 40개나 있다고 한다.

이 책은 그처럼 매우 중요한 문화콘텐츠 스토리텔링, 특히 원천소스인 이야기 창작기술에 대해 자세히 알아보기 위해 집필한 것이다. 여기서 이야기는 모든 장르를 관통하는 것이며, 이후 스토리텔링을 통해 다양한 매체로 옮겨갈 수 있다. 나아가 우리는 이야기 창작기술의 이해뿐만 아니라 각 장의 맨 뒤에 실린 〈실습과제〉를 통해 실제적인 활용능력까지 겸비하게 될 것이다.

요즘 우리나라는 다른 어느 때보다 '창조적 플레이어'를 필요로 하고 있다. 기업이나 학교, 정부 등 사회 곳곳에서 침체된 분위기를 변화시켜줄 창조적 플레이어를 간절히 찾고 있다. 이 같은 창조적 플레이어에 대한 세계 각국의 동향을 단적으로 보여주는 사례가 있다.

과거 한국의 유명한 축구선수 박지성이 소속되어 있는 잉글랜드 프리미어리그의 맨체스터 유나이티드에는 몸값이 천억 원에 달하는 호날

두가 있었다. 맨체스터 유나이티드의 퍼거슨 감독은 그가 어느 특정 포지션에 고정되어 있을 때보다 자유롭게 플레이할 때 더욱 빛을 발하는 것을 보고, 경기 중에 자신이 원하는 대로 마음껏 뛰어다니도록 내버려두었다. 그러한 호날두의 활약으로 맨체스터 유나이티드는 2006/2007 시즌에서 우승했고, 2007/2008 시즌에서도 연거푸 우승했다.

하지만 지금 우리의 현실은 과연 어떠한가? 가장 중요한 교육 부문에서부터 창의성을 말살하고 있다. 가수이자 음반기획자인 박진영이 어느 신문의 인터뷰에서 지적했듯이, 한국 교육은 여전히 획일성에서 벗어나지 못하고 있다. 박진영은 말한다. "학교에서 판에 박힌 수업을 받고, 방과 후에도 학원과 과외 수업을 똑같이 받고 있는데, 우리 아이들에게 과연 뭘 기대할 수 있겠나. 나보고 최소한 예술분야에서 미래를 향해 투자하라고 한다면, 차라리 학교가 아니라 소년원을 선택하겠다."

마찬가지로 대학, 특히 인문학과의 수업은 아직까지도 현실이 아닌 주로 교재 속 내용뿐이다. 강의 교재로 인생을 사는 것도 아닌데, 학생들에게 현실을 너무 보여주지 않고 있다. 물론 강의의 질이 떨어진다는 것은 아니지만, 현실이라는 또 다른 알맹이가 빠져있어 아쉽다는 말이다.

이젠 우리나라도 어릴 때부터 자유로이 생각하고 상상할 수 있는 분위기를 만들어줘야 한다. 특히 경직되고 억압적인 설명과 논술교육 위주에서 자유롭고 창의적인 이야기 창작교육을 강화할 필요가 있다. 더 나아가 대학에서도 단순히 이론만 배우는 것이 아니라 실습과 현장 능력까지 겸비하는 수업이 이루어져야 한다. 그래서 21세기 문화산업·예술산업 시대에 적합한 창조적 플레이어를 많이 양성해내야 한다.

세계는 이미 이야기 전쟁시대에 돌입했다. 우리도 하루 빨리 재능 있는 이야기 작가들을 많이 발굴하여 이제 막 불붙기 시작한 이야기 전쟁시대에 대비해야 할 것이다.

원래 이 책은 2008년 초판을 발행했는데, 시간이 흘러 한국 문화콘텐츠 산업의 동향이 달라지고 사례들의 시의성이 없어지면서 내용의 생동감이 떨어졌다. 그래서 2022년 북코리아 이찬규 대표님의 큰 배려로 대대적인 개정 작업에 착수했다. 특히 서두 부분을 전면 개정했는데, 최근 문화콘텐츠의 동향과 특성, 문제점을 정리하여 한국 문화콘텐츠의 현주소를 생생하게 파악할 수 있도록 했다. 이후로도 그간 문화콘텐츠계의 변화된 내용들을 최대한 반영하고, 인용 사례들도 비교적 최근의 작품으로 교체하는 등 상당 부분 개정했다. 그래서 문화콘텐츠 스토리텔링, 특히 그것의 원천소스인 이야기 창작기술에 입문하는 이들에게 조금이나마 도움이 되고자 했다.

2022년 9월

태정(泰井) 정창권

차례

차례

차례

6장   콘텐츠 제작 및 확장하기   175

차례

"프롤로그

문화콘텐츠 산업의 시대 "

문화콘텐츠의 등장

2000년 중반 이 책이 처음 출간되었을 때, 21세기는 문화콘텐츠 산업의 시대가 될 것이라고 말했다. 이젠 더 이상 제조업이나 단순 서비스 산업의 시대가 아닌 지식정보 산업, 더 나아가 문화콘텐츠 산업의 시대가 될 것이라고 했다.

사실 1990년대까지도 우리나라는 노동과 기술 집약적인 제조업 중심의 국가였고, 1990년대 중반 이후엔 IT 산업, 곧 지식정보 산업으로 이어졌다. 그리고 2000년대에 들어와서는 인터넷이나 스마트폰 등 디지털 기술의 놀라운 발전으로 문화와 IT 기술이 결합한 문화콘텐츠 산업이 급속히 부각되었다.

예컨대 인터넷의 활성화로 각종 온라인 게임이나 웹 사이트가 주목받기 시작하고, 스마트폰의 보급으로 음악이나 게임, 캐릭터 등 다양한 모바일 산업이 형성되었다. 특히 방송콘텐츠 산업이 놀랄만한 성장을 이룩했는데, 1990년대만 해도 우리나라의 방송 채널은 지상파 2사의 4채널에 불과했으나, 2000년대에는 지상파 13개, 케이블방송 46개, 위성방송

71개로 급증했다.

그 결과 2000년대 들어 문화콘텐츠 산업은 영화나 드라마 등 영상 부문에서 눈부신 성과를 보여주었다. 영화계에선 〈실미도〉와 〈태극기 휘날리며〉, 〈올드보이〉, 〈괴물〉 등 잇따른 천만 관객 돌파나 해외 영화제에서의 수상, 영화 판권의 해외 수출 등 여러 가지 쾌거를 이루어냈다. 드라마계에서도 〈겨울연가〉나 〈대장금〉, 〈태양의 후예〉 등 다양한 콘텐츠가 해외로 팔려나가 이른바 '한류열풍'을 이끌었다.

문화콘텐츠의 일상화

그런데 얼마 지나지 않은 2020년대에 이르러 문화콘텐츠는 우리의 일상이 되었다. 우선 생소하기만 하던 '콘텐츠'라는 말이 어느새 익숙한 단어가 되었고, 문화콘텐츠계를 벗어나 일반인들, 심지어 어린이들까지도 콘텐츠의 중요성을 알게 되었다. 방송이나 인터넷, 책, 교육 등 다양한 곳에서 콘텐츠 관련 정보를 접할 수 있기 때문이다.

더 나아가 이제 콘텐츠는 기존의 문화산업적 영역을 벗어나 일상적 영역으로까지 확장되었다. 예컨대 요즘 사람들은 "네가 가진 콘텐츠가 뭐야?(=너의 가치가 뭐야?)"라고 말하곤 한다. 콘텐츠가 '작품'이라는 개념을 넘어 일종의 '꺼리' 정도로 의미가 확대된 것이다.

요즘 문화콘텐츠에 대한 접근성은 이전과 비교할 수 없을 정도로 용이해졌다. 디지털 기술의 발달로 편의성이 크게 향상되었고, 그만큼 진입 장벽이 낮아졌다. 단적인 예로 방송 매체의 경우만 해도 지상파 방송사, 케이블TV업체, 위성방송업체, OTT업체 등 셀 수 없을 정도로 많아졌다. 게다가 2010년대 중반 이후부턴 글로벌 플랫폼인 온라인동영상서비

넷플릭스 로고

스(OTT)업체가 잇따라 출현하여 콘텐츠의 생태계를 완전히 변화시켰다. 2016년 넷플릭스가 한국에서 서비스를 시작한 것을 필두로 해서 2021년엔 디즈니플러스, 애플티브이플러스가 한국에 진출했다. 국내 플랫폼 회사도 웨이브, 티빙, 왓챠, 쿠팡 플레이, 카카오 티브이 등 무려 10여 개가 진출하여 총력 경쟁을 벌이고 있다.

　　이제 사람들은 하나의 매체를 선택하여 주어진 콘텐츠를 소비하기보다 플랫폼을 선택하여 그 속에 있는 다양한 콘텐츠를 즐기는 형식으로 문화소비의 패턴이 변하고 있다. 또 플랫폼 사용자가 일정 기간 구독료를 내고 콘텐츠를 이용하는 이른바 '구독경제' 형태가 등장했다. 콘텐츠의 생산도 기존의 방송사 소속 연예인이나 PD, 작가, 제작진이 아닌 여러 독립제작사들이 폴랫폼업체의 지원을 받아 콘텐츠를 제작해서 납품하는 형태로 바뀌어가고 있다.

　　그에 따라 영화계의 경우, 기존 영화관은 쇠퇴하고 다양한 플랫폼이 잠식하고 있다. 사람들이 몇 달에 한 번씩 영화관에 가던 전통적 방식에서 벗어나 침대에 누워 스마트폰 속 플랫폼에서 영화를 보는 현대적 방식으로 변화한 것이다. 다시 말해 '극장의 개인화'가 이루어졌다.

드라마의 경우도 글로벌 플랫폼업체의 가세로 콘텐츠의 생산이 용이해짐에 따라 문화콘텐츠의 개별 맞춤화 시대가 더욱 가속화되고 있다. 즉, 개인의 취향과 욕망에 맞게 세분화된 콘텐츠가 확산되고 있다.

콘텐츠 자체도 무거움을 벗고 물리적·심리적으로 부담이 적은 짤막하고 가벼운 콘텐츠가 확산되고 있다. 예를 들어 10초 내외의 숏폼 콘텐츠나 10분 내외 웹드라마의 확산이 그것이다. 2010년 말부터 웹툰이나 웹소설 등의 콘텐츠가 득세하는 이유도 여기에 있는 듯하다.

그와 함께 콘텐츠의 탈문자화·탈이차원화도 빠르게 진행되고 있다. MZ세대(1980~1990년대 중반에 태어난 밀레니얼 세대와 1990년대 중반~2000년대 중반에 태어난 Z세대를 아울러 'MZ세대'라고 함)의 가장 큰 특징은 정보의 수용방식이 이전 세대와는 확연히 다르다는 점이다. 활자나 문자 같은 텍스트로 세계를 인식하던 이전 세대와 달리, 이미 인터넷이 존재하는 시대에 태어난 이들은 정보를 3차원적으로 인식하고 수용하는 경향이 있다. 그래서 이들에게 맞는 콘텐츠는 영상이 문자보다 훨씬 방대한 양을 차지한다. 세계를 바라보고 해석하는 방식이 다르다는 것인데, 그에 따라 문화콘텐츠계도 변화의 조짐이 나타나고 있다. 이미 MZ세대의 문화콘텐츠 업계로의 진입이 이루어지고 있으며, 그들이 만들어내는 3차원적 이미지나 감각적 영상을 이전 세대가 못 따라가고 있는 실정이다.

실제로 요즘 유행하는 콘텐츠는 상대적으로 서사성이 떨어지고, 감각성이나 신체성 등 다른 측면이 훨씬 밀도 있게 다뤄지고 있다. 서사성이 절대적 위치를 차지하던 과거와 달리, 오늘날의 서사는 다양한 요소

중의 하나로 다뤄지고 있다. 어쩌면 요즘 문화콘텐츠계에서 스토리텔링의 주목성이 떨어지는 것도 이러한 맥락에서 볼 수 있을 듯하다. 또 근래에 보이는 신세대들의 독해력·문해력의 퇴화도 이러한 시대적 흐름에서 나타나는 부수적 현상인 듯하다.

메타버스, 콘텐츠의 지형도를 바꿀까?

한편, 2020년 이후엔 메타버스까지 가세하여 콘텐츠의 지형도를 더욱 변화시키고 있다. 메타버스는 '가상', '초월'을 뜻하는 메타(meta)와 '우주'를 뜻하는 유니버스(universe)의 합성어로, 현실세계 같은 사회문화적 활

메타(Meta) 로고

출처: 페이스북 공식 홈페이지

동이 이루어지는 3차원 가상세계를 일컫는다. 메타버스는 컴퓨터로 만들어놓은 가상세계에서 아바타를 활용해 게임이나 가상현실을 즐기는 데서 그치지 않고, 실제 현실과 같은 사회·경제·문화적 활동을 펼칠 수 있다. 2003년 3차원 가상현실 기반의 〈세컨드 라이프〉라는 게임이 인기를 끌면서 널리 알려지게 되었으나, 5세대 이동통신인 5G의 상용화와 코로나19로 인해 2021년 다시금 전 세계적으로 폭발적인 관심을 끌었다. 5G의 상용화로 가상현실이나 증강현실을 구현할 수 있는 기술이 발전하고, 코로나19로 비대면 온라인화가 확산되면서 메타버스가 크게 주목받게 된 것이다.

메타버스는 현재 로블록스, 제페토, 포트나이트 등 가상현실 게임이 대표적 플랫폼으로 서비스 중인데, 시장의 자본은 계속해서 메타버스로 쏠리고 있다. 페이스북이 메타(Meta)로 개명한 뒤 회사의 주력 분야를 SNS에서 메타버스로 옮기고, 네이버나 카카오, 구글, 마이크로소프트, 테슬라도 메타버스로 진입하고 있다.

메타버스는 단순한 온라인 공간이 아니다. 기성세대들처럼 온라인을 그저 보조적 개념으로 인식할 경우 메타버스의 의미를 제대로 파악하기 어렵다. 앞에서처럼 MZ세대는 오프라인 감각이 둔화하고 온라인 쪽이 훨씬 발달할 가능성이 높다. 그에 따라 앞으로는 오프라인보다 온라인으로의 가속화가 훨씬 빠르게 이뤄질 것이고, 지금의 컴퓨터는 운영체제만이 아니라 키보드나 마우스 같은 입력 장치 조차도 매우 원시적 기계로 불릴 날이 올 것이다. 과거 우리가 지금 같은 스마트폰의 득세를 아무도 예측하지 못했듯이 말이다. 실제로 전뇌의 신경 신호를 기호화하는 기술이 테슬라 등에 의해 이미 구현되고 있으며, 그에 따라 향후 정보의 입력량도 지금과는 비교도 안 되게 방대해질 것이다. 따라서 메타버스는 현재보다는 미래를 가리키는 일종의 세계관적 개념으로 보아야 할 것이다.

메타버스는 SNS와의 연계를 통한 생활소통, 대학이나 테마파크, 귀농체험, 스타와의 팬미팅 등 각종 업무 플랫폼을 비롯한 전 산업 분야로 확장하고 있다. 또한 메타버스는 콘텐츠의 지형도를 바꿔놓고 있는데, 메타버스가 콘텐츠 크리에이터의 새로운 활동 무대로 떠오르고 있다. 대표적인 예로 네이버웹툰이 메타버스 가상현실 서비스인 '제페토(zepeto)'와 손잡고 가상현실 속에서 콘텐츠를 생산·판매하게 한다는 점이다.

콘텐츠 수요 증가와 이야기 부족

　이제 문화콘텐츠는 우리의 일상이 되었다. 그와 함께 콘텐츠의 중요성은 날이 갈수록 더욱 커지고 있다. 기존의 다양한 매체뿐만 아니라 글로벌 플랫폼의 등장으로 콘텐츠 시장이 대폭 확대되었기 때문이다. 이들 플랫폼업체는 콘텐츠의 부재를 인식하며 유능한 콘텐츠 크리에이터 및 콘텐츠 제작자를 끌어모으고 있다. 플랫폼업체의 입장에서도 좋은 콘텐츠가 있어야 고객을 유치할 수 있기 때문이다. 또한 그들은 콘텐츠가 절대적으로 부족한 상황에서 그 소스를 기존의 성공했던 콘텐츠에서 가져오기도 한다. 실제로 요즘 성공한 드라마의 상당수는 웹툰 기반이며, 웹툰의 상당수는 웹소설 기반인 경우가 많다. 완전히 새로운 콘텐츠를 개발하기보다는 이미 검증된 이야기를 재구성하는 것이 홍보와 마케팅에서 훨씬 유리하기 때문이다.

　마찬가지로 메타버스도 그 속을 채울 수 있는 내용물, 즉 콘텐츠가 대거 필요한 상황이다. 다만 메타버스는 선형적·활자적 서사가 아닌 3차원적 서사를 요구하는데, 현재로서는 게임 스토리텔링이 그에 가장 가깝다고 하겠다.

끝으로 한류의 세계화도 콘텐츠 부족을 가중시키고 있다. 2020년 이후 대중음악의 방탄소년단(BTS), 영화 〈기생충〉, 드라마 〈오징어 게임〉, 〈이상한 변호사 우영우〉 등의 세계적 성공으로 인해 전 세계인의 눈이 한국의 문화콘텐츠로 쏠리고 있다. 한국 콘텐츠에 대한 관심이 매우 커졌을 뿐만 아니라 그 기대치도 크게 높아졌다. 한국 문화콘텐츠계는 그에 부응하기 위해서라도 새롭고 수준 높은 콘텐츠를 계속 내놓을 수밖에 없는 상황이다.

하지만 한국 문화콘텐츠 업계는 화려한 성공을 자축할 뿐 당면한 과제를 제대로 간파하고 있지 못하는 듯하다. 특히 콘텐츠 소스의 화수분이라 할 수 있는 대학이 우리나라 학계 특유의 경직성과 상업성으로 인해 가장 뒤처져 있으며, 사실상 현실을 전혀 따라가지 못하고 있는 실정이다.

현재 우리나라의 콘텐츠 소스는 주로 몇몇 창작자의 직감에 의해 개발되고, 대학의 전문적이고 체계적인 연구와 교육에 의해 개발된 것은 거의 없다. 심지어 2000년대 이후 전국에 우후죽순처럼 생겨난 문화콘텐츠 관련 학과마저 콘텐츠 크리에이터, 특히 콘텐츠 소스인 이야기 창작에 대한 교육은 거의 이루어지지 않고 있다. 한때 홍콩영화가 전 세계적으로 인기를 끌었지만, 비슷한 스토리를 반복하다가 몰락했음을 결코 잊어서는 안 될 것이다. 우리는 다양한 스토리를 기반으로 남과 다르게 가야 한다.

결국 문화콘텐츠의 본질은 이야기인 만큼 기초를 탄탄히 다지기 위

해서는 평소 스토리텔링 능력, 특히 이야기 창작기술을 충분히 익혀두어
야 할 것이다.

콘텐츠 · 문화콘텐츠의 정체

콘텐츠 · 문화콘텐츠는 이제 익숙한 단어가 되었지만, 정작 "그 정체가 뭐냐?"고 물어보면 제대로 답변하는 사람이 많지 않다. 두 단어가 한국적으로 변형되어 나온 신조어라서 개념 파악이 쉽지 않기 때문이다. 그러므로 스토리텔링에 대해 본격적으로 살펴보기에 앞서 콘텐츠 · 문화콘텐츠의 개념과 분야, 특성에 대해 간략히 알아보도록 하자.

먼저 콘텐츠(contents)란 사전에 나온 그대로 '내용물'인데, 쉽게 말해서 각종 대중매체에 담긴 내용물을 말한다. 예를 들어 드라마나 영화, 공연, 게임 등에 들어있는 각종 작품들이 그것이다. 얼마 전까지만 해도 흔히 '대중문화'라 불렸으나, 요새는 더욱 다양하게 사용되고 하나의 거대한 산업화가 되어감에 따라 많은 사람들이 '콘텐츠'라는 용어를 쓰고 있다. 그러므로 콘텐츠에는 예술성과 상업성이 담보되어 있으며, 특히 번뜩이는 아이디어와 재미있는 이야기로 사람들의 마음을 움직일 수 있어야 한다.

물론 콘텐츠는 최근에 와서 생겨난 것이 아닌 인류 역사상 계속 존재해왔다. 문학이나 그림, 음악, 무용 등의 여러 가지 작품이 그것이다. 하지만 21세기 디지털 시대가 되면서 그 의미가 상당히 변모했다. 디지털 시대의 특징은 정보의 신속성과 정확성, 멀티미디어성 등 여러 가지가 있으나, 가장 중요한 것은 정보의 무한한 복제와 변형 및 전송이 가능하다는 것이다. 그에 따라 콘텐츠의 의미도 디지털 시대에 걸맞게 다양하게 활용 가능한 내용물로 바뀌게 되었다. 즉 요즘 우리가 쓰고 있는 콘텐츠는 '각종 대중매체에 담긴 내용물이지만, 다양하게 활용 가능한 내용물'이다.

문화콘텐츠(culture contents) 역시 콘텐츠와 마찬가지로 우리나라에서 만든 신조어이자 이제는 국제적으로 널리 통용되고 있는 용어다. 사실 콘텐츠를 외국에선 사전적 의미인 내용이나 목차 정도로만 이해하고 있으나, 우리나라에선 더 나아가 각종 대중매체의 내용물로까지 확대해서 사용하고 있다. 문화콘텐츠 역시 그런데 흔히 문화산업을 미국에선 '엔터테인먼트(Entertainment) 산업', 일본에선 '미디어(Media) 산업', 영국에선 '크리에이티브(Creative) 산업'이라고 각각 부르고 있다. 아마도 미국은 문화산업의 상업적인 면을 강조하여 '엔터테인먼트(Entertainment)'로, 영국은 문화산업의 창조적인 면을 강조하여 '크리에이티브(Creative)'로, 일본은 문화산업의 전달 매체적인 측면을 강조하여 '미디어(Media)'로, 우리나라는 문화산업의 내용적인 측면을 강조하여 '문화콘텐츠(culture contents)'로 각각 부르고 있는 듯하다.

문화콘텐츠란 콘텐츠를 담는 그릇이자 다양하게 활용하는 도구들, 예컨대 출판이나 만화, 방송, 영화, 게임, 캐릭터 등 문화와 관련된 각종 매체를 말한다. 과거 이것들은 '대중매체(문화상품)'라 불렸으나, 콘텐츠와 마찬가지로 날이 갈수록 서로 융합되고 하나의 거대한 산업화가 되면서 '문화콘텐츠'라는 신조어를 쓰고 있다.

그와 함께 문화산업 혹은 문화콘텐츠 산업이란 한마디로 "문화상품을 기획·개발·제작·판매하는 등 문화와 관련된 일련의 산업들"을 말한다. 다만 문화산업은 주로 아날로그 시대에 쓰던 용어이고, 문화콘텐츠 산업은 디지털 시대에 들어와 주로 쓰는 용어다.

문화콘텐츠 산업은 하나의 참신한 아이디어와 재미있는 이야기만 있으면 적은 비용을 투입하고도 높은 수익을 창출할 수 있는 고부가가치 산업이다. 또한 기존의 제조업과 달리 환경오염이 없는 친환경 산업이며, 더불어 국가 이미지도 높일 수 있다. 그래서 21세기 들어 문화콘텐츠 산업은 급속도로 발전해가고 있다.

한편, 문화콘텐츠 분야는 대단히 많은데, 출판과 만화, 방송, 영화, 애니메이션, 게임, 캐릭터, 공연, 음반, 전시, 축제, 여행, 디지털콘텐츠(데이터베이스, 에듀테인먼트, 인터넷콘텐츠), 모바일콘텐츠 등 최소한 16가지 이상의 분야가 있다. 또 디지털 기술이 발달함에 따라 앞으로도 계속 새로운 매체가 탄생할 것이다. 여기에다 요즘은 문학이나 음악, 미술 같은 순수예술, 광고나 디자인, 스포츠 등도 문화콘텐츠 산업과 결합되어가고 있다. 이들 각 분야의 특성과 동향에 대해서는 아래의 스토리텔링을 논하면서 함께 살펴보기로 하자.

또한 문화콘텐츠는 하나의 소스를 가지고 다양한 분야로 활용해서 고부가가치를 얻는다는 이른바 '원소스 멀티유즈(One Source Multi-Use)'를 핵심으로 하고 있다. 과거 아날로그 시대의 문화산업은 출판이면 출판, 영화면 영화, 공연이면 공연 등처럼 각각의 매체가 따로따로 움직였다. 하지만 디지털 시대의 문화콘텐츠는 서로 독립적으로 존재하는 것이 아니라 하나의 거대한 구조를 이룬 유기체적 성격을 띠고 있다. 그래서 하나의 뛰어난 소스(이야기)를 발굴하면 다양한 매체에 적용하여 최대한 수익을 올리고 있다. 예를 들어 〈대장금〉의 경우 한 편의 드라마가 성공하자, 거기에 삽입된 OST(배경음악)를 음반으로 출시했고, 캐릭터를 활용하여 각종 기념품을 발매했으며, 촬영지나 세트장을 관광지로 개발했다. 또 드라마를 해외로 수출함은 물론이요, 나아가서는 그 내용을 토대로 소설, 동화, 만화로 출간하거나 애니메이션, 게임, 뮤지컬 등으로 제작하기도 했다.

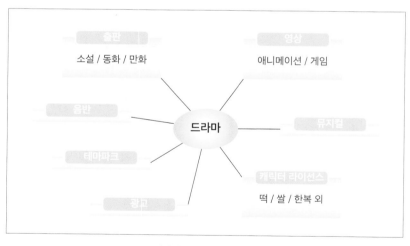

〈대장금〉의 멀티유즈화

MBC 드라마 〈대장금〉

　　사실 원소스 멀티유즈는 미국에서 주로 쓰는 문화콘텐츠 마케팅 전략인데, 미국의 경우 거대한 자본을 이용하여 기획단계부터 타 분야와의 연계성을 설정한 다음 차례대로 멀티유즈화 사업을 펼치고 있다. 대표적으로 〈스타워즈〉 시리즈를 들 수 있다. 〈스타워즈〉는 영화만이 아니라 소설, 만화, 방송, 애니메이션, 게임, 음반, 캐릭터 등 다양한 분야로 연계하여 커다란 수익을 올렸다. 특히 이들 연계 상품은 영화의 단순한 재활용이 아닌 분야별 고유한 특성을 잘 살렸으며, 기타 배경이나 사건도 서로 일관성을 가지도록 철저히 관리했다.

이처럼 디지털 시대의 문화콘텐츠는 서로 유기적으로 연결되어 대단히 '융합성'을 띠고 있다. 그러므로 이젠 하나의 콘텐츠를 개발하더라도 통합적 안목을 갖고 접근해야 한다. 또한 정부도 미국이나 일본, 영국 등 선진국처럼 모든 문화콘텐츠를 골고루 균형 있게 발전시켜야 하며, 학생들도 우선은 폭넓게 이해한 뒤 차츰 자기만의 전문분야를 찾아나가야 할 것이다.

문화콘텐츠의 이면상

문화콘텐츠는 하나의 제대로 된 소스를 가지고 다양하게 활용한다는 원소스 멀티유즈적 속성 때문에 21세기 최대의 고부가가치 산업으로 급부상하고 있다. 그러나 한국 문화콘텐츠 산업은 선진국에 비하면 여전히 문제점이 적지 않은데, 좀 더 체계적으로 지적하면 다음과 같다.

우선, 문화콘텐츠 업계는 양극화가 심하다는 것이다. 예술분야와 마찬가지로 문화콘텐츠도 오로지 최고만이 살아남는 냉정한 세계다. 그 결과 인기 장르와 비인기 장르 간, 그리고 해당 업체들 사이에서도 회사 규모에 따라 뚜렷한 경제적·사회적 차이를 보여주고 있다.

둘째, 문화콘텐츠는 대단히 모험산업이라는 것이다. 문화콘텐츠는 성공할 경우엔 소위 '대박'을 터뜨릴 수 있지만, 여러 가지 변수가 많아서 실패할 가능성도 갖고 있다. 일반적인 생활필수품과 달리 문화상품은 소비자의 감성에 의지하기 때문에 그것이 과연 시장에서 잘 팔릴 것인지 아닌지를 예측하기가 매우 어렵다. 그래서 최고의 인기 배우와 막대한 예산을 들여 자신 있게 제작한 영화가 시장에서 빠르게 퇴출되는 경우도 있고, 별다른 기대를 하지 않고 저렴하게 만든 영화가 대성공을 거두는 경우도 있다. 이처럼 문화콘텐츠는 철저히 시장원리에 지배되는 산업이며, 그 어떤 산업보다 더욱 철저한 연구와 개발, 마케팅 전략이 요구된다.

셋째, 투자환경이 열악하다는 것이다. 위에서 언급한 것처럼 문화콘텐츠는 '하이 리스크(high risk) 하이 리턴(high return)'이라는 특성으로 인해 투자효과가 불확실하여 민간 부문의 투자가 미흡한 실정이다. 그러다 보니 중소업체의 경우 자금조달이 어려워 좋은 소스가 있어도 쉽사리 제작에 들어가지 못하는 경우가 많고, 또 세계 시장 진출에도 많은 어려움을 겪고 있다.

넷째, 산업적 기반이 취약하다는 것이다. 우리나라는 여전히 문화콘텐츠 업체 간 제휴나 연대가 이루어지지 않아서 좋은 콘텐츠가 나와도 멀티유즈화를 통한 고부가가치를 얻지 못하고 있다. 또한 인터넷의 발전으로 콘텐츠의 불법적인 공유 및 복제가 확산되어 문화콘텐츠 산업의 발전을 가로막고 있다. 불법복제는 특히 음악, 영화, 캐릭터 등의 분야에서 심한 편이다.

끝으로, 문화콘텐츠에 대한 국가적 · 사회적 인식이 부족하다는 것이다. 아직도 우리나라는 문화콘텐츠를 단순한 소비 · 오락 산업으로 간주하여 국가적 차원에서의 지원이 미흡한 실정이다. 그 결과 세계 문화콘텐츠 흐름에 적절히 대응하지 못하여 경제적 부가가치 및 국가적 위상 제고에 한계를 드러내고 있다.

문화콘텐츠 현황 파악하기

문화콘텐츠 스토리텔링을 잘하기 위해선 먼저 최근 문화콘텐츠의 동향을 잘 파악하는 것이 중요하다. 최근의 흐름을 알고 있어야 대중이 원하는 콘텐츠를 개발할 수 있기 때문이다. 그러므로 매년 한국콘텐츠진흥원에서 발행하는 《한류백서》나 기타 인터넷, 도서, 논문 등을 통해 최근 문화콘텐츠의 동향을 개괄적이나마 파악해보자.

"1장

문화콘텐츠 핵심기술, 스토리텔링"

콘텐츠의 중요성

　이제 문화콘텐츠가 우리의 일상이 되면서 날이 갈수록 콘텐츠의 중요성이 커지고 있다. 기존의 다양한 매체에 글로벌 플랫폼까지 가세하고, 심지어 3차원 가상세계인 메타버스까지 등장하면서 그 속을 채워줄 내용물인 콘텐츠의 수요가 폭발적으로 증가하고 있다. 이로 미루어보면 향후 문화콘텐츠 산업은 양질의 콘텐츠를 얼마나 안정적으로 공급할 수 있느냐에 따라 그 성패가 판가름될 듯하다.

　사실 콘텐츠의 중요성은 아무리 강조해도 지나치지 않다. 이제 콘텐츠는 우리 생활에 깊숙이 자리 잡고 있고, 사회 전반에 영향을 미치고 있다. 예컨대 우리는 매일같이 각종 콘텐츠를 접하면서 기쁨과 슬픔, 행복을 느끼기도 하고, 자신들이 모르는 세계에 대해 배우기도 한다. 그리고 앞에서 지적한 것처럼 요즘엔 디지털 기술의 발달로 원소스 멀티유즈가 가능해지면서, 하나의 제대로 된 콘텐츠만 있으면 엄청난 부가가치를 올릴 수 있게 되었다. 예를 들어 과거 〈대장금〉의 경우도 총수익 250여억 원에 순이익이 120억 원 이상이었으며, 경제적 효과는 최소 2천억 원 이상이었다고 한다. 또 2021년 글로벌 플랫폼 넷플릭스에서 흥행한 드라마 〈오징어 게임〉은 제작비 2,140만 달러(한화 약 249억 원)를 투자해 그 40배가 넘는 8억 9,100만 달러(약 1조 398억 원)를 벌어들인 것으로 추정하고 있다.

나아가 콘텐츠는 국가의 이미지를 쇄신하기도 한다. 요즘 사람들은 어떤 콘텐츠에 관심을 가지면, 그 나라의 문화 자체에도 관심을 가지려는 경향이 있기 때문이다. 위의 〈오징어 게임〉이 흥행할 때도 그 속에 등장하는 한국의 놀이문화인 딱지치기, 구슬놀이, 무궁화꽃이 피었습니다 등이 전 세계적으로 유행하기도 했다.

이처럼 요즘 콘텐츠는 단순한 여가 수단만이 아닌, 국가의 생존을 결정짓는 중요한 산업이 되었다.

세계는 지금 이야기 전쟁 중

그런데 콘텐츠의 수요가 증대하면서 새롭게 주목받고 있는 것이 이야기(원천소스, 원작)다. 이야기란 아직 틀이 정해지지 않은 근본적인 소스로, 콘텐츠의 소재이자 뼈대라 할 수 있다. 이야기가 없으면 어떤 콘텐츠도 만들 수 없고, 설령 만들었다 해도 오래가지 못한다. 또 이야기성이 부실하면 대중에게 금방 외면당하고 만다.

이야기는 고대에서 현대에 이르기까지 시공간을 초월하여 존재하는 인간의 커뮤니케이션 도구 중의 하나요, 끊임없이 변형과 재창조의 길을 걸어왔다. 원래 이야기는 신화와 전설, 민담 등의 설화처럼 말로 시작되었으나, 문자가 만들어지면서 동화나 소설, 만화 같은 글과 그림으로 발전했다. 그리고 20세기에 들어와서는 영화나 방송 같은 영상물로까지 그 범위를 확대했다. 이렇게 이야기는 시대의 흐름에 따라 표현수단만 달라졌을 뿐 인류의 역사와 함께 계속되어왔다.

최근에도 이야기는 소설(웹소설), 동화, 만화(웹툰), 애니메이션, 영화, 드라마, 게임, 뮤지컬, 전시, 음악, 가상세계 등 다양한 영역에서 쓰이고 있다. 심지어 광고나 디자인, 상품, 기업경영 등에도 활용되고 있다.

게다가 이야기는 그 자체로도 막대한 이윤을 창출할 수 있는 하나의 '문화상품'이다. 예컨대 상상과 판타지로 모든 연령층에 골고루 어필한 〈해리포터〉 시리즈의 경우 전 세계적으로 2억 부라는 경이적인 판매 부수를 기록했고, 10억 달러 이상의 큰 수익을 거머쥐었다고 한다.

세계는 지금 이야기 전쟁 중에 있다. 특히 문화콘텐츠 강국들은 좋은 이야기를 찾는 데 주력하고 있다. 대표적으로 미국만 보더라도 자신들이 정복한 아프리카 인디언 추장의 딸 이야기를 가져다가 〈포카혼타스〉를 만들고, 중국의 위진남북조 시기의 설화를 가져다가 〈뮬란〉을 만들었으며, 아메리카 밀림을 소재로 〈라이온 킹〉을 만들었다. 이렇게 미국은 좋은 이야기를 찾기 위해 세계 어느 곳이든 달려가고 있다.

현재 우리나라도 산업 현장에선 좋은 이야기를 구하기 위해 혈안이 되어 있고, 이야기 창작 및 활용과 관련된 스토리텔링 공모전이 날이 갈수록 늘어가고 있다. 정부 역시 한국콘텐츠진흥원 주도로 2002년부터 2006년까지 5년간 550여억 원을 투입하여 이야기 창작소재를 발굴하는 '문화원형 디지털콘텐츠화 사업'을 벌인 적이 있다.

그럼에도 한국 문화콘텐츠 업계는 여전히 멀티유즈, 곧 제작과 판매에만 관심이 있을 뿐 정작 중요한 이야기 기획 및 개발에 대한 투자는 매우 미흡한 실정이다. 대표적으로 2007년 여름 화제의 흥행작 〈디워〉의 경우도 컴퓨터그래픽에만 치중한 나머지 스토리의 완성도가 너무 떨어진다고 한동안 신랄한 논쟁을 벌였다. 마찬가지로 문화콘텐츠 관련 대학들도 앞에서처럼 제작과 판매 위주로만 가르치고 콘텐츠의 소스인 이야기 창작에 대해선 등한시하고 있다. 아무리 많은 멀티유즈화 방안을 갖고 있다 하더라도 확실한 이야기가 없다면 무용지물이라는 사실을 잊고 있는 듯하다.

그 결과 우리나라는 이야기를 창작할 인력이나 능력이 갈수록 부족하여 심지어 해외로까지 나가서 이야기를 수입해오고 있는 실정이다. 특히 일본 이야기의 수입이 두드러지는데, 대표적인 예로 〈올드보이〉, 〈미녀는 괴로워〉, 〈하얀거탑〉을 비롯한 각종의 만화와 소설 등을 들 수 있다. 모든 문화콘텐츠는 원작, 곧 이야기의 확보에서 시작된다는 점을 잊어서는 안 될 것이다.

드림 소사이어티

롤프 옌센은 그의 저서 《드림 소사이어티(Dream Society)》(서정환 옮김, 한국 능률협회, 2000)에서 미래사회를 드림 소사이어티로 보았다. 이젠 감성에 바탕을 둔, 꿈을 기반으로 하는 시장이 정보를 기반으로 한 시장보다 훨씬 더 커진다는 것이다.

1960년대부터 시작된 정보사회에서는 모든 일이 정보기술에 의해 추진되었다. 하지만 21세기 드림 소사이어티에서는 정보뿐만 아니라 이야기를 토대로 한 감성에 의해 추진될 것이다. 이제 소비자는 상품을 가격이나 기능으로 평가하는 것이 아니라 그것에 담겨 있는 이야기를 보고 선택한다는 것이다. 예컨대 요즘은 매우 정확하고 신뢰할만한 시계라도 1만 달러 정도만 주면 살 수 있다. 하지만 그것에 어떤 생활양식이나 사회적 위치, 모험 등 고객의 가슴에 호소할만한 이야기가 담겨 있다면, 그 시계는 1만 5천 달러까지도 올라갈 수 있다.

롤프 옌센은 미래사회에선 가장 훌륭한 이야기꾼을 가진 나라가 세계를 지배할 것으로 보았다. 그리고 지역적인 이야기보다 범세계적인 이야기가 시장을 지배할 것이라고 했다. 훌륭한 이야기는 문화적 국경을 자유롭게 넘어설 수 있기 때문이다. 예컨대 요즘 스포츠나 연예, 오락 등의 이야기꾼들이 가장 높은 보수를 받고 있는데, 이것이 바로 드림 소사이어티로 이동하고 있다는 객관적이고 분명한 징후라고 볼 수 있다.

　또한 드림 소사이어티에서는 신화나 전설, 의식, 생활양식 등의 가치가 다시 인정받게 될 것이다. 사실 농업시대의 원재료는 흙과 들판, 가축이었다. 또한 산업시대에는 석탄과 석유, 철강이 원재료였다. 하지만 이야기 시대의 원재료는 신화나 전설, 민담 등 설화가 될 것이다. 그러므로 머잖아 새로운 이야기를 찾기 위해 설화나 동화 같은 세계문학을 샅샅이 뒤져야 할 때가 올 것이다.

스토리텔링이란 무엇인가?

　　요즘 들어 스토리텔링의 중요성이 크게 부각되고 있다. 21세기 디지털 시대의 도래로 다양한 전달 매체가 등장하면서 스토리텔링이 새롭게 주목받고 있다. 게다가 스토리텔링은 과거만 해도 문예학에 국한되었지만, 최근엔 정치, 경제, 사회, 문화, 예술, 과학, 종교, 교육, 스포츠, 오락 등 세상의 모든 분야에 걸쳐 사용되고 있다.

　　스토리텔링(storytelling)은 스토리(story)와 텔링(telling)의 합성어인데, 여기서 '스토리'는 어떤 줄거리를 가진 이야기를 말하고, '텔링'은 매체에 맞는 표현방법을 말한다. 즉 스토리텔링이란 "이야기를 매체의 특성에 맞게 표현하는 것"으로, 내용은 물론 기술적인 측면까지 포함하고 있다. 그러므로 스토리텔링을 잘하기 위해선 우선적으로 각종 매체나 분야의 특성에 대해 이해할 필요가 있다.

　　스토리텔링을 좀 더 쉽게 설명하면, "각종 매체에 맞게 재미있게 이야기하는 기술"이라 할 수 있다. 즉, 어떤 이야기를 대중에게 재미있고 감동적으로 전달하기 위한 수단이다. 요즘 사람들은 어렵고 복잡한 것을 싫

어하는 대신, 이야기로 쉽고 재미있게 들려주는 것을 좋아한다. 스토리텔링은 그러한 최근의 트렌드를 반영하여 새롭게 부각된 것이다. 예컨대 '과학 스토리텔링'이라 하면, 과학의 다양한 원리는 물론 그것들이 우리의 일상생활에서 어떻게 활용되는지 이야기를 통해 재미있고 감동적으로 전달하는 것을 말한다. 아직까지도 우리나라는 과학 지식을 있는 그대로 단순하게 전달하는 수준에 머물러 있다. 하지만 대중은 각종 과학 지식을 한 편의 이야기로 만들어서 재미있고 감동적으로 들려주기를 바란다. 즉, 단순한 지식 습득이 아닌 재미와 공감까지 원한다.

또한 '다큐멘터리 스토리텔링'의 경우도 마찬가지다. 지금까지 우리나라의 다큐멘터리는 '사실' 부분에만 많은 신경을 쓰고, '이야기' 부분에는 별로 신경을 쓰지 않았다. 하지만 영국 BBC의 자연이나 문명, 역사 등의 다큐멘터리를 보라. 얼마나 재미있고 감동적인가. 그에 비해 우리나라는 아직까지도 컴퓨터그래픽 같은 기술적인 부분에만 몰두할 뿐 다큐멘터리의 이야기를 어떻게 풀어나갈지에 대해선 크게 신경 쓰지 않고 있다. 이제 대중은 복잡하고 전문적인 내용들을 좀 더 간단하고 기발하며 감동적인 이야기로 전달해주길 바라고 있다. 즉, 좀 더 세련된 콘텐츠를 요구하고 있다.

나아가 '스토리텔링 마케팅'이라 하면, 상품에 이야기를 결합하여 재미있고 감동적으로 홍보·판매하는 것을 말한다. 예컨대 과거 모 회사는 휴대폰에 가족과 관련된 따뜻한 이야기를 결합하여 재미와 감동으로 마케팅을 펼친 적이 있다. 이렇게 제품에 이야기를 부여하면, 일반적인 제품이 아닌 특별한 제품이라는 의미를 생성하게 된다.

원래 스토리텔링은 문학에서 주로 쓰던 용어였지만, 문화콘텐츠에서의 그것과는 상당히 다른 의미를 지니고 있다. 문학에서의 스토리텔링은 현실에 있을법한 이야기를 작가가 얼마나 잘 표현해내느냐가 중요하다. 그래서 이야기 자체를 매우 중시하는 편이다. 하지만 문화콘텐츠에서는 이야기를 각종 매체나 분야의 특성에 맞게 얼마나 효과적으로 표현하느냐가 더욱 중요하다. 즉, 작가보다 수용자에게 더욱 비중이 놓여 있다.

스토리텔링의 유형

　　요즘 스토리텔링은 매우 광범위한 분야에서 활용되고 있다. 예컨대 방송과 영화, 게임, 공연 등 각종 문화콘텐츠는 물론, 광고나 디자인, 상품, 기업경영, 스포츠 등에서도 활용되고 있다. 심지어 정치와 행정, 교육, 음식, 복식 등에서도 활용되고 있다. 하지만 그것들을 좀 더 간단히 분류하면, 문화콘텐츠로서 엔터테인먼트 스토리텔링과 인포메이션 스토리텔링, 비즈니스 스토리텔링, 일상생활 스토리텔링 등 크게 세 가지로 분류할 수 있다.

　　먼저 문화콘텐츠 분야에서 엔터테인먼트 스토리텔링은 서사성이 강한 것으로 소설(웹소설)과 동화, 만화(웹툰), 드라마, 영화, 애니메이션, 게임, 뮤지컬 등 가장 큰 비중을 차지하고 있다. 반면에 인포메이션 스토리텔링은 주어진 정보를 바탕으로 이를 가공·배치·편집·디자인하는 것으로, 전시나 축제, 여행, 테마파크, 에듀테인먼트, 데이터베이스, 인터넷콘텐츠, 가상현실 등을 들 수 있다.

　　비즈니스 스토리텔링은 각종 기업에서 활용하는 스토리텔링으로,

스토리텔링 유형

※ 문화콘텐츠 스토리텔링

엔터테인먼트 스토리텔링 ── 소설 · 동화
                      ├─ 만화
                      ├─ 드라마
                      ├─ 영화
                      ├─ 애니메이션
                      ├─ 게임
                      ├─ 캐릭터
                      └─ 공연

인포메이션 스토리텔링 ── 전시
                     ├─ 축제
                     ├─ 테마파크
                     ├─ 다큐멘터리
                     ├─ 에듀테인먼트
                     ├─ 데이터베이스
                     ├─ 인터넷콘텐츠
                     └─ 가상현실

※ 비즈니스 스토리텔링 ── 광고
                     ├─ 브랜드
                     ├─ 상품
                     ├─ 디자인
                     └─ 기업경영

※ 일상생활 스토리텔링 ── 음식
                     ├─ 의복
                     ├─ 건축
                     ├─ 농수산물
                     ├─ 제조업(공산품)
                     └─ 서비스업

광고나 브랜드, 상품, 디자인, 기업경영 등을 예로 들 수 있다. 이처럼 요즘 기업들도 이야기를 해주는 것, 곧 스토리텔링으로 소비자에게 다가가고 있다.

기타, 최근 스토리텔링은 위와 같은 각종 매체나 분야에서뿐만 아니라 우리의 일상생활 곳곳에서 쓰이고 있다. 예컨대 이야기가 있는 음식이나 의복, 건축, 농수산물, 제조업(공산품), 서비스업 등이 그것이다. 하지만 이것들은 아직까지 거의 주목받지 못하고 있는 실정이다.

이들 가운데 그나마 연구가 조금이라도 이루어진 문화콘텐츠와 비즈니스를 중심으로 그것들의 장르적 특성과 스토리텔링 방법에 대해 개괄적으로 살펴보자.

엔터테인먼트 스토리텔링

먼저 엔터테인먼트 스토리텔링에서 '출판'은 원천 콘텐츠로서 이후에도 다양한 매체와의 결합이 수월하며, 책 자체가 주는 매력도 여전히 남아 있다. 예컨대 앞에서 언급한 〈해리포터〉는 아이들뿐만 아니라 어른들까지 열광시켰으며, 책 자체의 성공과 함께 영화나 캐릭터, 게임, 관광 산업 등으로 연계되어 커다란 성공을 거두었다.

특히 출판 중에서도 소설과 동화는 다른 분야와 달리 표현의 제약이 별로 없어서 자신이 원하는 대로 쓸 수 있으며, 타 분야에 비해 이야기 작가로 진출하는 것도 비교적 용이한 편이다. 다만 동화는 어렵지 않고 쉽게, 특히 어린이의 눈높이에 맞춰 써야 한다. 그렇다고 어린이용이기 때문에 수준이 낮다는 편견을 가져서는 안 된다.

요즘은 인터넷을 통해 연재하는 웹소설이 크게 유행하고 있다. 작가가 웹에 자유롭게 작품을 올리고, 독자에게 선택을 많이 받으면 히트작이 되는 시스템이다. 스마트폰의 대중화와 편당 결제 등 유료 수익모델의 정착으로 웹소설 시장이 빠르게 정착했다. 또 〈구르미 그린 달빛〉, 〈김비서

가 왜 그럴까〉 등 웹소설 원작의 드라마가 좋은 성과를 얻으면서 웹소설
도 웹툰과 함께 원천 콘텐츠로 부각되기 시작했다.

'만화'는 글과 그림의 조합으로 현실과 다른 특별함, 예컨대 환상이
나 유머, 과장 등을 표현하고 있어서 보는 이로 하여금 유쾌하고 즐거움
을 주는 매력을 가지고 있다. 요즘 우리나라도 만화를 어린이들만의 것이
라는 편견에서 벗어나 일본처럼 남녀노소 누구나 쉽게 즐기는 매체로 인
식하고 있다. 또 만화도 소설이나 동화처럼 영화, 드라마, 애니메이션 등
으로 전환하기에 유리하다.

하지만 최근 만화계는 인터넷에 연재하는 만화인 웹툰이 대세가 되
었다. 요즘 웹툰은 그 자체로 일본, 미국 등 세계로 뻗어나가고 있으며, 드
라마나 영화, 게임 등으로 제작되어 세계적 흥행을 불러일으키는 K-콘텐
츠의 저수지 역할을 하고 있다. 근래에도 〈D.P.〉, 〈닥터 브레인〉, 〈유미의
세포들〉 등의 웹툰이 드라마로 제작되고 해외로까지 진출하여 호평을 얻
었다.

'방송'은 남녀노소와 빈부의 격차 없이 누구나 쉽게 접근할 수 있는
대중매체다. 그러므로 좋은 콘텐츠만 있으면 그 어느 것보다 성공 가능
성이 큰 분야다. 방송은 크게 보도, 교양, 오락, 드라마 등의 프로그램으로
나눌 수 있다. 보도 프로그램은 대표적으로 뉴스를 들 수 있고, 교양 프로
그램은 토론이나 시사, 교육, 다큐멘터리 등을, 예능 프로그램은 토크쇼
나 버라이어티쇼, 코미디, 스포츠 등을, 드라마는 일일극, 주말극, 미니시
리즈, 단막극 등을 들 수 있다. 그중에서도 드라마는 현대인의 일상생활
에서 없어서는 안 될 오락수단으로, 아마도 요즘 가장 촉망받는 문화콘텐

츠 분야일 것이다.

'영화'도 방송만큼이나 파급력이 큰 분야다. 특히 영화는 고도화된 기술력을 통해 현실을 넘어선 우주적 차원으로까지 상상력을 무한하게 표현할 수 있다. 그래서 영화는 다채롭고 흥미로운 시도들을 해보기에 적합한 장르다.

'애니메이션'은 영화보다 표현의 제약이 더욱 적어서 창의적이고 개성적인 내용을 자유롭게 펼칠 수 있다. 또한 애니메이션은 국가적 · 민족적 · 문화적 장벽을 뛰어넘어 세계인의 마음까지 움직일 수 있다. 나아가 애니메이션은 강한 캐릭터성을 이용하여 멀티유즈화도 가능하다. 예컨대 일본 미야자키 하야오 감독의 많은 애니메이션은 오랜 기간 여러 나라에서 사랑받고 있으며, OST나 캐릭터 상품들도 계속 판매되고 있다. 심지어 일본은 지브리 스튜디오를 만들어 미야자키 하야오 작품의 많은 캐릭터를 전시하고 있으며, 그곳은 일본에서도 인기 관광지에 속한다.

'게임'은 이제 어린이나 청소년만이 아니라 어른들까지 즐기는 대중매체다. 흥미를 끌만한 캐릭터와 빠른 장면전환, 적절한 효과음 등으로 지루하지 않고 재미있게 즐길 수 있기 때문이다. 게다가 날이 갈수록 게임은 간단하지 않고 전략을 세워야 하거나 레벨이 다양해지는 등 많은 생각과 노력을 요구하고 있다.

게임 산업은 이미 어마어마하게 성장했지만, 앞으로도 얼마든지 팽창할 수 있는 분야다. 현재 우리나라에서 가장 큰 인기를 얻고 있는 게임은 온라인 게임과 모바일 게임, 그리고 일본 닌텐도나 소니가 주축이 된 휴대용 게임이다. 향후에도 게임은 탄탄한 시나리오만 있다면 안정적이고 커다란 시장을 확보해나갈 것으로 보인다.

　'캐릭터'도 요즘 젊은이라면 누구나 하나씩 가지고 있는 문화상품이다. 본디 캐릭터란 동물이나 식물, 사람의 모습을 간단하게 형상화해서 친근감과 귀여움을 느끼도록 만든 것이다. 또 캐릭터에는 심술궂음, 착함, 개구쟁이 같은 이미지가 함축적으로 담겨 있다. 그래서 사람들의 눈길을 끌기가 쉽고, 한번 마음을 주면 그 매력에 계속 빠져드는 특성이 있다. 활용 분야도 인형이나 장난감, 가방, 문구, 침구 등에서 도서와 음반, 게임, 광고 등 이루 헤아릴 수 없이 다양하다.

　캐릭터는 그야말로 황금알을 낳는 산업이다. 캐릭터는 로열티를 축으로 한 고수익 산업이자 롱셀러(long seller)가 가능한 산업이기 때문이다. 그렇다고 별다른 유지비용이 드는 것도 아니어서 더욱 매력적인 산업이라 할 수 있다. 대표적으로 냉장고 속 프랑크 소시지가 변한 원숭이인 '코코몽' 캐릭터는 냉장고 속에 새로운 세계가 있다는 차별화된 이야기를 토대로 많은 인기를 끌었다. 코코몽은 2008년 2월 EBS에서 방영된 이후로 뮤지컬, 테마파크를 비롯해서 70여 개의 라이선싱 계약을 체결하여 〈뽀로로〉의 뒤를 이을 캐릭터로 급부상했다.

　'공연'에는 음악과 연극, 무용, 국악 등이 있고, 좀 더 세분하면 각종 연주회나 콘서트, 연극, 뮤지컬, 오페라, 발레, 퍼포먼스, 서커스, 마술쇼, 판소리, 창극, 마당극, 인형극 등이 있다. 공연은 영화나 방송과 달리 바로 눈앞에서 펼쳐지는 현장감을 온몸으로 느낄 수 있다는 장점을 가지고 있다. 특히 요즘은 참여형 공연이 늘어나고 있는데, 공연 중에 관객이 직접 무대에 올라가 주인공의 친구 역할을 한다거나 극의 결말을 제시해주기도 한다. 관객이 공연에 직접 참여하므로 단순한 수용자의 위치에서 벗어나 능동적인 주체가 될 수 있고, 공연을 더욱 재미있게 즐길 수 있다.

공연은 영화나 드라마보다 대중성이 약간 떨어지긴 하지만, 좋은 콘텐츠만 있으면 수정과 개작을 계속해가며 많은 사람에게 재미와 감동을 줄 수 있다. 사실 공연, 특히 뮤지컬은 영화나 드라마보다 더욱 큰 경쟁력을 가지고 있다. 뮤지컬은 잘만 만들면 10년 이상 장기공연을 할 수도 있고, 기타 영화나 음반, 캐릭터 상품 등으로 제작하여 큰 수익을 올릴 수도 있기 때문이다. 더 나아가 전 세계로 공연을 다니면서 많은 사람의 환대를 받을 수도 있다.

'음반(음원)'도 잘만 만들면 좋은 콘텐츠가 될 수 있다. 음반은 초기 제작비용이 많이 들긴 하지만, 이후로 복제 비용이 저렴한 또 하나의 고부가가치 산업이다.

음악은 묘한 매력을 가지고 있다. 특별한 언어나 몸짓 없이도 전 세계 사람들의 감정을 사로잡을 수 있기 때문이다. 또한 요즘은 다양한 분야에서 음악을 사용하면서 커다란 부가가치를 올릴 수 있다.

요즘 한국의 대중음악, 곧 K팝은 아시아, 중동, 유럽, 미주 등 전 세계적으로 인기를 얻고 있다. 과거엔 특정 계층이나 세대에게 소비되었으나, 요즘은 거의 모든 세대에게 보편화·대중화되었다. 대표적으로 2012년 싸이의 〈강남스타일〉이 전 세계를 열광시켰고, 2017년부터는 그룹 방탄소년단(BTS), 블랙핑크가 전 세계 팬들을 열광시켰다. 요즘 K팝은 K-콘텐츠의 선봉 역할을 하고 있다고 해도 과언이 아닐 듯하다.

인포메이션 스토리텔링

　다음으로 인포메이션 스토리텔링에서 '전시'란 다양한 정보를 통해 관람자에게 어떤 메시지를 전달하려는 것이다. 특히 전시는 시각이나 청각, 후각, 촉각, 미각 등 오감을 자극함으로써 그 효과가 더욱 강렬하고 오래간다는 장점을 갖고 있다. 또한 최근 전시는 테마를 선정하여 한 편의 이야기를 만들고, 그 이야기에 따라 전시물을 배치하는 추세다. 즉, 이젠 전시도 본래의 이야기성을 되찾아가고 있다.

　'축제'는 원래 "축하하여 제사를 지냄. 또는 경축하여 벌이는 큰 잔치나 행사"를 이르는 말이다. 축제는 그 지역의 문화적 특성을 나타낼 뿐만 아니라 지역주민에게 애향심을 갖게 하며, 나아가 지역경제의 활성화에도 크게 기여한다. 즉, 축제는 단순한 이벤트가 아니라 그 지역의 문화이자 전통이며 산업이다. 최근 축제도 하나의 아이템을 선정하여 이야기를 만든 뒤, 그 이야기 속에서 축제의 전체 일정을 풀어가는 추세다. 한마디로 스토리텔링, 곧 이야기가 있는 축제를 만들어가고 있다.

　'여행'도 사람들의 여가시간이 점차 증가하면서 가능성이 큰 분야로 떠오르고 있다. 하지만 아무리 아름다운 '명소(名所)'라 해도 한번 쓰윽 훑고 지나가면 금방 잊히기 마련이다. 뭔가 기억에 남을 만한, 곧 이야기가 있는 여행이 필요한 시점이다.

'테마파크'란 일상을 탈피하여 특별한 체험을 할 수 있는 놀이공원을 말한다. 테마파크는 미국이나 일본에선 매우 발달해 있고, 우리나라에서도 점점 관심이 높아지고 있다. 그런데 테마파크를 만드는 데도 기술력뿐만 아니라 매력적인 스토리텔링이 매우 중요하다. 특히 테마파크는 몸으로 직접 체험하며 오랫동안 기억될 수 있는 스토리텔링을 해야 한다.

'에듀테인먼트(edutainment)'는 에듀케이션(교육: education)과 엔터테인먼트(오락: entertainment)의 합성어로, 놀면서 공부한다는 새로운 방식의 교육콘텐츠다. 그러므로 에듀테인먼트에선 재미와 지식이 얼마나 잘 조화를 이룰 수 있느냐가 관건이다. 에듀테인먼트의 종류는 온라인과 모바일 같은 디지털콘텐츠를 비롯해서 도서나 방송, 공연 등 다양한 형태로 제작되고 있다. 한국은 다른 어느 나라보다 교육열이 높은 관계로 에듀테인먼트 시장이 갈수록 확대되고 있지만, 그 콘텐츠의 양과 질은 아직도 만족할만한 수준에 이르지 못하고 있는 실정이다. 에듀테인먼트의 종류도 한정되어 있고, 내용도 오락적 혹은 교육적 측면에 너무 치우친 경우가 많다. 교육에 관심이 많은 사람이라면, 한번쯤 에듀테인먼트의 세계를 집중적으로 공부해봐도 좋을 듯하다.

'데이터베이스'는 각종 문헌이나 영상, 음성 자료를 디지털 방식으로 정보화해서 종합적인 검색시스템을 구축하는 것이다. 여기서 정보화는 단순 전산화가 아닌 대중이 언제 어디서든 쉽게 이용할 수 있도록 만든 것을 말한다. 예컨대 각종 도서관이나 박물관, 연구소 등의 사이트를 들 수 있다.

'인터넷콘텐츠'란 인터넷을 기반으로 생산·보급·유통되는 콘텐츠로, 매우 포괄적인 형태를 띠고 있다. 네이버, 다음 같은 포털사이트를 비롯해서 각종 쇼핑몰이나 정보, 오락 콘텐츠 등을 예로 들 수 있다. 우리나라의 인터넷 보급률은 거의 세계 최고 수준이다. 그 결과 각종 인터넷콘텐츠의 수요가 급증하여 새로운 고부가가치 산업으로 주목받고 있다.

'가상세계'는 게임이나 웹사이트 등에서 광범위하게 사용되고 있는 것으로, 최근 사업자들이 활발히 뛰어들고 있어 머잖아 본격적인 성장기에 들어설 것으로 예상된다.

비즈니스 스토리텔링

　최근 들어 스토리텔링의 영역은 위와 같은 각종 문화콘텐츠 외에도 광고나 브랜드, 상품, 디자인, 기업경영 등 비즈니스 분야에까지 계속 확장하고 있다.

　우선 '광고'는 15~30초 정도밖에 되지 않는 짧은 시간에 모든 것을 이야기하는 상당히 매력적인 스토리텔링이다. 그 범위도 제품이나 서비스에 대한 홍보에서 기업 이미지에 대한 홍보에 이르기까지 대단히 광범위하다.

　그런데 요즘은 '이야기가 있는 광고'를 선호한다. 현대인은 상품의 품질이나 가격 등에 주목하기보다 상품과 관련된 이야기에 주목하는 경향이 있다. 그래서 광고도 단순한 사실의 전달이 아닌, 인물과 사건 등 이야기를 만들어 그 안에 상품을 자연스럽게 등장시킨다. 예컨대 '하이마트 광고'는 생활 속 이야기를 코믹하게 표현하여 성공한 경우로 유명하다. 하이마트 광고에 나오는 이야기의 소재는 청혼 - 신혼부부의 다툼 - 처제의 남자 - 시어머니와의 갈등 등과 같이 우리 주위에서 쉽게 볼 수 있는 것들이다. 여기에 이야기를 단순하게 풀어가기보다는 코믹한 요소와 오페라 형식, 더 나아가 '딱! 걸렸네', '딱! 맞췄네' 같은 유행어를 더하여 사람들로 하여금 호감을 갖게 했다.

'브랜드'란 어떤 제품이나 기업의 차별화된 가치 및 인지도로, 현대 사회에서 브랜드는 엄청난 영향력을 갖고 있다. 같은 제품이라 하더라도 브랜드가 있는 상품과 그렇지 않은 상품의 가치는 하늘과 땅 차이이기 때문이다. 현대의 소비자는 이렇게 단순히 물건을 사는 것이 아니라 브랜드가 지닌 이미지와 가치를 산다고 해도 과언이 아니다.

대개 브랜드 스토리텔링은 사람들이 쉽게 이해할 수 있는 이야기를 만들어 브랜드에 접목시키는 것을 말한다. 브랜드 스토리텔링에선 제품이나 기업 자체를 강조하기보다 그 안에 담긴 의미나 이야기를 제공하여 소비자와 브랜드의 교감을 유도한다. 특히 브랜드 스토리텔링에선 기업의 역사에서 전설처럼 떠도는 이야기나 창업자와 관련된 이야기, 특정 상품이 세상에 나오기까지의 과정이나 그 상품을 사용한 사람들에 대한 이야기 등을 자주 소재로 활용한다.

마찬가지로 요즘은 '상품'도 이야기를 만들어 개발하고 마케팅하는 경우가 많아지고 있다. '이야기가 있는 상품' 또는 '상품 스토리텔링'이 바로 그것이다.

예를 들어 세계 최초로 물을 상품화한 프랑스의 생수 '에비앙(Evian)'은 고유의 상품 스토리를 개발하여 성공한 사례로 유명하다. 한 귀족이 알프스의 작은 마을인 에비앙에서 요양하며 지하수를 마시고 병을 고쳤다. 그 물의 성분을 분석해보니 미네랄 등 인체에 유용한 성분이 다량으

로 함유되어 있었다. 이후 마을 주민들은 그러한 이야기를 담은 '에비앙'
이라는 생수를 개발하여 판매하기 시작했다. 특히 그들은 생수를 물이 아
닌 '약'이라는 브랜드 스토리를 개발하여 판매했다.

　이에 비해 한국 생수의 상품 스토리텔링은 과연 어떠한가? 그저 물
의 근원이 어디인지, 얼마나 깨끗한지, 성분은 어떠한지 등 상품에 대한
기본적인 정보만 주고 있는 실정이다. 이젠 우리나라도 상품에 대한 기능
을 따분하게 늘어놓기보다 고객의 마음을 읽고 흥미로운 이야기를 통해
새로운 제품을 만들어야 할 것이다.

　'디자인' 역시 날이 갈수록 스토리텔링과의 접목이 자주 이루어지고
있다. 예컨대 이야기가 있는 패션이나 장신구, 조형물 등의 디자인이 그
것이다. 대표적으로 '제이에스티나(J.estina)'는 20대 여성이라면 누구나 갖
고 싶어 하는 주얼리 상품인데, 이는 원래 이탈리아의 실존했던 공주 이
야기를 토대로 개발한 것이다. 이처럼 앞으로는 눈에 확 띄는 독보적인
디자인은 물론, 거기에 극적인 이야기가 담겨있어야만 비로소 가치 있는

무빙 주얼리(MOVING JEWELRY)

출처: 제이에스티나 공식 홈페이지

상품이 될 것이다.

끝으로 최근엔 '기업경영'에서도 스토리텔링을 자주 사용하고 있다. 특히 기업경영에서의 스토리텔링은 경영혁신과 비전 전파를 위한 훌륭한 도구로 쓰이고 있다. 예컨대 요즘 기업의 설명회나 발표회에 가보면, 대부분 도표나 숫자를 이용하여 분석적인 설명을 장황하게 늘어놓는 경우를 쉽게 볼 수 있다. 하지만 이런 방식은 주최 측의 의도대로 참석자들에게 더 이상의 관심이나 흥미를 끌기는 어렵다. 그보다는 오히려 캐릭터와 스토리가 있는 재미있는 이야기를 만들어 들려준다면, 좀 더 쉽게 이해하고 받아들일 수 있을 것이다.

일상생활 스토리텔링

기타 최근에는 음식이나 패션, 건축 등 일상생활에서도 스토리텔링을 적용하는 사례들이 많아지고 있다.

'음식'은 인간이 살아가는 데 꼭 필요한 생활필수품이다. 예나 지금이나 사람들은 음식을 먹지 않고는 살 수 없다. 그렇기 때문에 각 방송마다 음식에 대한 프로그램이 날마다 몇 개씩 빠지지 않고 나오는 것이다. 게다가 사람들의 소득수준이 높아질수록 음식에 대한 관심은 더욱 커져간다.

이제 평범한 곶감의 시대는 갔다. 과거엔 곶감의 맛과 영양만 내세워도 상관없었지만, 오늘날엔 그것들만으론 부족하다. 거기에다 "아가야. 곶감 줄게, 뚝!" 하는 〈곶감과 호랑이〉 같은 이야기를 추가해서 그야말로 호랑이도 도망가게 하는 기막힌 곶감을 만들어야 한다.

음식 스토리텔링이란 이렇게 "음식에 이야기를 결합하여 먹는 사람들에게 감성을 전달하는 것"을 말한다. 모든 음식에는 그 유래나 역사, 의미 등이 담겨 있기 마련이고, 요리사에겐 그만의 특별한 조리법이 있기 마련이며, 음식점엔 주인의 남다른 창업 과정과 경영 방식이 있기 마련이다. 음식 스토리텔링이란 그러한 숨겨진 이야기를 발굴한 뒤 이를 적절히 가공하여 활용함으로써 아주 특별한 음식이 되도록 하는 것이다.

'패션'이란 사람들의 스타일과 유행을 말하는데, 거기에는 의류를 비롯해서 신발, 가방, 화장품, 주얼리(장신구) 등 다양한 분야를 포함하고 있다. 패션의 특징으로는 브랜드의 이미지를 매우 중요하게 여기고, 유행에 민감하며, 관련 분야가 매우 다양하다는 점을 들 수 있다.

패션 스토리텔링은 그러한 패션에 이야기를 더해 단순한 제품이 아닌 가치 있는 제품으로 만드는 것을 말한다. 한마디로 패션에 생명력을 불어넣는 것이라 할 수 있다. 지금까지 패션 기업들은 유명 배우를 내세워 그들의 인지도를 통해 자사의 브랜드를 키워나갔지만, 요즘에는 그 브랜드만의 차별화된 이야기를 내세워 홍보하고 있다. 예컨대 그 브랜드의 유래나 탄생 배경, 제작 과정, 역사적 전통, 사용자에 얽힌 이야기 등을 만들어 널리 알리고 있다.

우리나라 '건축'에는 상상력, 특히 이야기성이 부재한다. 실제로 고개를 들어 주변의 건물들을 한번 바라보라. 왠지 모두 비슷하다는 느낌이 들지 않는가? 이러한 현상은 도심 속으로 갈수록 더욱 심해진다. 빌딩과 상가, 아파트 등의 건축물들이 거의 대부분 같은 모습과 이미지를 갖고 있다. 그렇기 때문에 우리나라 건축물은 개성이 없을 뿐 아니라 도시 자체도 삭막해 보이는 것이 아닐까 한다.

건축 스토리텔링은 이러한 건축에 스토리텔링을 적용하여 그 가치를 높이는 것을 말한다. 다시 말해 건축에 재미있고 감동적인 이야기를 입힘으로써 완전히 새로운 의미의 건축물로 재탄생시키는 것이다. 단적인 예로 대부분 사람들은 '집'이라 하면 무언가 행복한 감정이 떠오를 것이다. 왜 그럴까? 바로 이야기가 있기 때문이다. 모든 집에는 가족들에 얽힌 수많은 이야기가 담겨 있기 마련이다. 그 이야기로 인해 우리는 집이라는 공간을 행복하게 인식한다. 건축 스토리텔링은 바로 이러한 건물마다의 이야기성을 살려주는 것이라 할 수 있다.

스토리텔링의 방법

창작 스토리텔링

스토리텔링의 방법은 크게 창작, 각색, 전환의 세 가지로 나눌 수 있다.

먼저 창작 스토리텔링은 무(無)에서 유(有)를 창조하는 것으로, 배경과 캐릭터, 스토리 등 이야기를 새롭게 만들어내는 것을 말한다. 이에 대해서는 다음 장에서 자세히 살펴볼 것이다.

각색 스토리텔링: 고전의 현대적 수용

각색은 잘 알려져 있거나 아직 알려지지 않은 고전을 현대적으로 변용하여 널리 알리는 것으로, '고전의 현대적 수용'이라고도 한다.

고전은 이미 많은 사람에게 향유되면서 그 흥행성이나 작품성을 검증받았고, 유구한 역사만큼이나 두터운 지지기반을 갖고 있다. 단적인 예로 〈춘향전〉의 원 텍스트를 한 번도 읽어보지 않은 사람일지라도 일상에 녹아있는 춘향전 스토리를 알지 못하는 이는 거의 없을 것이다. 그러므로 이렇게 익숙한 이야기를 토대로 새로운 콘텐츠를 개발한다면, 전혀 모르는 작품보다 훨씬 쉽게 관심을 받게 될 것이다.

게다가 날이 갈수록 창작 능력이 한계에 도달하면서 각색의 중요성이 부각되고 있다. 실제로 할리우드 영화의 약 50%가 각색으로 알려져 있다. 많은 수의 할리우드 영화들이 기존의 책이나 만화, TV프로그램, 연극, 뮤지컬, 다른 영화의 리메이크를 바탕으로 제작되어 나오고 있다.

각색의 대상은 문학이나 설화, 역사, 서양 고전 등 매우 다양한데, 이것들의 중요성을 하나씩 살펴보면 다음과 같다.

먼저 문학, 특히 고전문학은 우리의 문화원형이 온전히 살아있는 텍스트요, 저작권이 없는 그야말로 콘텐츠의 보물창고다. 또한 문학은 기본적으로 개성적인 캐릭터와 탄탄한 스토리를 가지고 있기 때문에 언제든지 새로운 콘텐츠로 개발될 수 있다. 물론 이를 위해서는 많은 연구와 노력이 필요하다. 캐릭터는 물론이요, 당시의 시대상과 원본 등에 대한 연구가 충분히 이루어져야 한다.

설화는 예부터 전해져 내려온 신화, 전설, 민담 등을 모두 포괄하는 개념으로, 우리 민족의 이야기 원형이라 할 수 있다. 또한 설화는 특이한 장소, 기이한 행적, 비범한 인물 등에 대한 이야기가 많은데, 그 결과 사람들에게 흥미를 주고 공감을 불러일으키기 쉽다. 그뿐만 아니라 설화는 옛

조상들의 지혜와 미덕, 용기를 우리에게 다시 알려주고, 앞으로 나아갈 길을 제시해준다. 그러므로 이러한 설화를 현대인의 정서에 맞게 조금만 변형한다면, 비교적 쉽게 성공적인 콘텐츠로 만들 수 있을 것이다.

사실 설화는 시대에 따라 다른 옷을 입고 계속해서 우리 앞에 등장했다. 지금도 소설이나 동화, 만화, 영화, 드라마, 공연 등에 그 소재나 에피소드, 플롯, 주제 등을 제공하고 있다. 나아가 영웅의 일생구조나 계모 모티프는 세계의 보편적인 이야기 소재로, 언제든지 글로벌 콘텐츠가 될 가능성을 갖고 있다.

역사 또한 콘텐츠 소재(모티프)의 금광이다. 우리나라는 5천 년의 역사를 가진 나라인데, 그만큼 역사 속에서 그려내고 싶은 것, 표현해내고 싶은 소재들이 무궁무진하다. 특히 우리나라 사람들은 역사 소재를 이용한 콘텐츠들을 즐겨 찾고 있는데, 그래서인지 소설이나 영화, 드라마, 전시 등에서 그 소재를 역사에서 끌어오는 경우가 대단히 많다.

기타 서양 고전도 매우 중요하다. 이젠 고전이라 해서 꼭 우리의 것만을 고집할 필요가 없다. 세계 어느 나라의 것이든 문학이나 설화, 역사 등을 가져다가 적극적으로 콘텐츠로 개발할 필요가 있다. 특히 고전은 앞에서 얘기한 것처럼 저작권이 존재하지 않으므로 각색자가 곧 저작권자가 될 수 있다.

지금까지 문학, 설화, 역사 등에서 고전의 현대적 수용이 이루어진 사례를 도표로 제시하면 다음과 같다.

1. 문학
《금오신화》 《홍길동전》 《구운몽》 《춘향전》
《심청전》 《흥부전》 《배비장전》 《변강쇠전》
《옹고집전》 《장화홍련전》 《콩쥐팥쥐전》 《별주부전》
《허생전》 《운영전》 《숙영낭자전》

2. 설화
〈조신〉 〈호동왕자〉 〈온달〉 〈처용〉
〈견우와 직녀〉 〈아기장수〉 〈바리데기〉 〈우렁각시〉
〈나무꾼과 선녀〉 〈선문대할망〉 〈구렁덩덩신선비〉 〈해와 달이 된 오누이〉
〈혹부리 영감〉 〈에밀레종〉 〈아랑〉 〈도깨비〉
〈오세암〉

3. 역사
〈주몽〉 〈연개소문〉 〈장보고〉 〈최치원〉
〈대조영〉 〈신돈〉 〈이성계〉 〈세종대왕〉
〈연산군〉 〈황진이〉 〈대장금〉 〈허준〉
〈이순신〉 〈장희빈〉 〈오성과 한음〉 〈향랑〉
〈만덕〉 〈다모〉 〈장승업〉 〈정조대왕〉
〈봉이 김선달〉 〈어사 박문수〉 〈김삿갓〉 〈임꺽정〉
〈장녹수〉 〈김두한〉 〈김춘삼〉

한편, 고전을 현대적으로 수용해서 활용할 수 있는 분야도 매우 다양하다. 앞에서 설명했듯이 출판과 만화, 방송, 영화, 애니메이션, 게임, 캐릭터, 공연, 음반, 전시, 축제, 여행, 디지털콘텐츠, 모바일 등의 문화콘텐츠, 광고나 브랜드, 상품, 디자인, 기업경영 등에서도 얼마든지 활용될 수 있다.

▌단순각색 · 번안 · 개작

각색 방법은 크게 1) 단순각색, 2) 번안, 3) 개작 등으로 나눌 수 있다.

  1) 단순각색은 원전을 충실히 재현하는 것으로, 시대적 배경이나
등장인물, 줄거리 등이 원전과 거의 흡사하다. 대표적으로 임
권택 감독의 영화 〈춘향뎐〉을 들 수 있다. 단순각색은 사람들
의 흥미나 감동을 유발하기가 쉽지 않은데, 실례로 애니메이
션 〈왕후심청〉의 경우 원전과 별반 다를 것 없는 단순한 서사변
용과 캐릭터의 빈약함으로 대중의 사랑을 받지 못했다. 하지만
출판계에서 고전을 현대어로 번역하는 작업은 매우 중요한데
아동이나 청소년, 일반인이 쉽게 읽을 수 있는 현대역본이 지
속적으로 필요하기 때문이다. 특히 우리나라는 이 분야의 전문
인력이 턱없이 부족한 실정이다.

  2) 번안은 원전의 기본적인 주제의식은 살리되, 인물의 행동이나
대사 등 일부 내용을 변형시키는 것으로, 창극 〈춘향전〉이나 뮤
지컬 〈지하철 1호선〉 등을 예로 들 수 있다.

  3) 개작이란 원전에 모티프를 두고 있지만 전체적인 흐름만 비슷
할 뿐 시대적 배경이나 인물의 성격이 완전히 다르게 설정된
것을 말한다. 고전의 현대적 수용에선 주로 이 방법이 사용되
고 있다.

개작에도 여러 가지 방법이 있는데, 고전에서 스토리라인을 차용하여 현대적 감각에 맞게 활용하는 경우, 캐릭터나 모티프 및 분위기만 따와서 활용하는 경우 등이 있다.

우선 고전에서 스토리라인을 차용하여 현대적 감각에 맞게 활용하는 경우는 원전의 전체적인 구조만 차용해오고 나머지는 현대 소비자의 욕구에 맞게 재창조하는 것을 말한다. 예컨대 과거의 인기 드라마 〈서동요〉는 백제의 서동과 신라의 선화공주가 사랑한다는 서동설화를 가져다가 55부작 사극으로 만든 것이다. 드라마 〈쾌걸춘향〉 역시 춘향전의 스토리라인만 따오고 나머지는 현대인이 공감할 수 있게 각색하여 커다란 성

KBS 드라마 〈쾌걸춘향〉
출처: 〈쾌걸춘향〉 공식 홈페이지

문화콘텐츠 스토리텔링

공을 거두었다.

캐릭터나 모티프 및 분위기만 따와서 활용하는 경우는 고전에서 필요한 부분만 뽑아내어 각색자가 가지고 있는 상상력과 결합하여 새로운 스토리를 만들어내는 것이다. 예를 들어 영화 〈장화, 홍련〉은 원전 《장화홍련전》에서 전반적인 분위기만 차용한 것이며, 드라마 〈조강지처 클럽〉에서의 '나화신'이라는 캐릭터는 《박씨전》의 변신 모티프를 차용한 것이라 할 수 있다.

끝으로, 각색할 때는 다음과 같은 점들에 유의해야 한다.

먼저 원전을 보면서 재미있는 부분을 찾아내고, 거기에 참신한 요소를 추가하여 이야기를 전개해야 한다. 예컨대 영화 〈아랑〉은 설화를 원형 그대로 가져다가 사용했다. 즉, '강간을 당해 죽은 여인이 귀신으로 나타나 복수한다'는 설화를 거의 그대로 반영한 것이다. 하지만 추리소설 〈아랑은 왜〉에서는 원형 설화의 사건을 있는 그대로 받아들이는 것이 아니라 '왜 이야기가 그렇게 된 것일까?'라고 의구심을 표한다. 그리하여 원형 설화를 완전히 뒤집는 결론을 도출한다. 이처럼 각색할 때는 원전의 모티프만 남겨놓고 나머지는 과감하게 재해석할 수 있어야 한다.

또한 원전을 다양한 관점에서 바라볼 수 있어야 한다. 예를 들어 〈선녀와 나무꾼〉 설화를 토대로, 일본 애니메이션 〈이누야사〉에서는 옷을 훔친 나무꾼으로 인해 선녀가 온 마을 사람들을 죽이는 악의 화신으로 설정하고 있다. 그래서 주인공 이누야사가 그 선녀를 무찔러야 하는 적으로 만들고 있다.

나아가 소비자의 트렌드를 반영해야 한다. 한때 우리 사회에도 동성

애에 대한 관심이 부각된 적이 있는데, 영화 〈왕의 남자〉는 그러한 사회적 관심을 반영하여 커다란 성공을 이루었다.

▌각색의 의의

문학이나 설화, 역사 등 고전은 선조들이 우리에게 물려준 가장 큰 문화유산 중의 하나다. 그것을 우리와 다음 세대가 향유하고 세계 속에 어필할 수 있는 콘텐츠로 만드는 것은 전적으로 우리에게 달려있다. 마지막으로 각색, 곧 고전의 현대적 수용의 의의를 체계적으로 지적하면 다음과 같다.

첫째, 각색은 잠들어 있던 고전에 새 생명을 불어넣을 수 있다는 것이다. 고전을 활용하여 새로운 콘텐츠로 개발할 경우, 우리의 문화에 대한 재발견이 가능하며, 다음 세대로의 문화적 전승이 이루어질 수 있다. 예를 들어《춘향전》은 워낙 우리에게 익숙한 고전이기도 하지만, 지속적인 각색을 통해 더욱 많은 관심과 사랑을 받는 고전이 되었다. 영화 〈춘향뎐〉은 우리의《춘향전》을 세계적으로 널리 알리는 계기가 되었으며, 드라마 〈쾌걸춘향〉은 청소년 및 어린이들에게도 어필할 수 있는 좋은 결과를 낳았다.

둘째, 우리의 고전을 이용하여 경제적 이익을 창출할 수 있다는 것이다. 특히 요즘 문화콘텐츠는 원소스 멀티유즈가 가능하기 때문에 고부가가치를 올릴 수 있을 뿐 아니라 그에 따른 고용창출과 문화콘텐츠 산업의 발전에도 크게 기여할 수 있다.

셋째, 만약 글로벌 콘텐츠로 발전했을 경우 우리의 문화를 전 세계에 알리는 계기가 될 것이다. 물론 그러기 위해서는 우리의 고전 가운데 전 세계에 어필할 수 있는 작품들을 발견하고, 또 제대로 개발할 수 있는 기술을 갖추어야 할 것이다. 그와 함께 우리의 고전만이 아니라 외국의 고전도 발굴하여 현대적으로 재구성하면 엄청난 경제적 이익을 얻을 수 있을 것이다.

넷째, 위기를 맞고 있는 인문학과의 새로운 '실용적' 대안이 될 수 있다는 것이다. 지금까지 인문학 수업은 현실이 아닌 주로 교재 속 이야기뿐이었다. 강의 교재로 인생을 사는 것도 아닌데, 현실을 너무 보여주지 않았다. 물론 강의의 질이 떨어지는 것은 아니지만, 현실이라는 또 다른 알맹이가 빠져 있어서 아쉽다는 말이다. 그러므로 이젠 인문학과도 단순히 이론만 배우는 것이 아니라 실습, 더 나아가 현장의 실무까지 겸비한 수업이 이루어져야 한다. 특히 이야기의 소재를 찾고, 줄거리를 짜고, 이를 다시 콘텐츠로 만드는 과정까지 익힐 필요가 있다.

요즘 이야기 산업이 한창 뜨고 있다. 우리나라에선 그에 대한 중요성을 이제야 느끼기 시작했지만, 유럽이나 미국에서는 이미 국가적 차원에서 적극적으로 지원하고 있다. 그리고 요즘 이야기는 인문학뿐만 아니라 경영학, 자연과학, 예술학 분야에서도 차세대 중요한 생존 키워드로 인식하고 있다. 이러한 상황에서 인문학도는 무궁무진한 상상력을 키움과 동시에, 우리나라가 가지고 있는 수많은 원천소스를 잘 요리하여 대중

앞에 맛있게 내놓을 수 있는 실력도 연마해야 할 것이다.

　나아가 이제 인문학도들은 집이나 도서관에만 틀어박혀 있을 것이 아니라 세상 밖으로 나가 각종 문화와 관련된 산업들을 진두지휘할 수 있어야 한다. 즉, 작품성과 생산성을 겸비한 '예술적 기능인'으로 거듭나야 한다.

▌ 전환 스토리텔링: 원작의 다양한 활용

　'전환'이란 인기 있는 원작을 각각의 매체에 맞게 변용하는 것으로, 특히 장르의 변화를 전제로 하고 있다. 한마디로 전환은 성공한 콘텐츠를 멀티유즈화할 때 사용하는 스토리텔링 전략이라 할 수 있다. 전환은 주로 인기 있는 소설이나 만화, 동화 등 출판물을 영화나 애니메이션, 드라마, 게임 등 영상물로 재구성하는 경우가 많지만, 최근 들어선 그 반대현상도 자주 일어나고 있다.

　물론 지금까지 전환은 앞의 '각색'이라는 용어로 함께 사용해왔다. 즉, 고전을 현대화하거나 인기 있는 원작을 다른 매체로 전환할 때도 별다른 구분 없이 각색이라는 용어를 두루뭉술하게 사용해왔다. 하지만 날이 갈수록 전환이 더욱 빈번하게 사용되고 있어서 양자를 구분해서 좀 더명확하게 사용할 필요성이 점점 더 커지고 있다. 그러므로 이 책에서도 고전을 현대적으로 수용할 경우엔 '각색'으로, 인기 있는 원작을 다양하게 활용할 경우엔 '전환'으로 각각 구분하여 사용하고자 한다.

원래 전환은 다매체·다채널 시대에 나타난 또 하나의 새로운 문화적 현상이다. 즉, 디지털 시대의 도래로 매체가 늘어나고 장르 간 경계가 사라지면서 하나의 제대로 된 소스만 있으면 다양한 매체로 활용해서 고부가가치를 올릴 수 있다는 판단에 따라 본격적으로 성행하기 시작했다.

요즘엔 웬만큼 성공한 콘텐츠라면 곧장 다른 매체로 옮겨가고 있는 추세다. 예를 들어 연극이나 뮤지컬이 영화로 전환되는 경우를 살펴보면, 연극 〈날 보러와요〉가 영화 〈살인의 추억〉으로 전환되어 큰 인기를 끌었고, 연극 〈이〉도 영화 〈왕의 남자〉로, 다시 뮤지컬 〈공길전〉으로 전환되어 큰 성공을 거두었다. 이처럼 요즘 성공한 영화나 드라마는 상당 부분 인기 있는 원작을 전환한 것들이다.

전환 방법은 크게 두 가지로 나누어 살펴볼 수 있다.

먼저 원작에 충실하게 전환하는 것으로, 시공간적인 규모나 작품의 구조가 비슷한 경우 원작을 크게 손대지 않고 전환할 수 있다. 이때는 원작의 스토리라인을 단지 드라마적인 기승전결의 형식으로 재구성하면 될 것이다.

다음은 원작을 새롭게 해석하여 재구성하는 것으로, 작품의 스토리라인은 그대로 따르되 극적 전개를 위해 인물의 성격에 변화를 주거나 사건을 첨가 혹은 삭제하는 것이다. 예컨대 영화 〈올드보이〉가 바로 그런 경우다. 〈올드보이〉의 원작은 동명의 일본만화다. 하지만 이 영화는 만화에서 15년 동안의 감금과 두 남자의 갈등이라는 모티프만 따오고, 나머지는 새롭게 꾸며서 사뭇 다른 작품으로 재탄생시켰다. 특히 영화에선 인

영화 〈올드보이〉
출처: 〈올드보이〉 영화 포스터

물 간의 갈등이 '근친상간'이라는 충격적인 내용으로 전개되는데, 만화에
선 그것이 아주 사소한 문제에 지나지 않는 것으로 나와 있다. 결말부의
반전구조도 원작만화에선 밋밋하게 설정되어 있지만, 영화에선 그 효과
를 톡톡히 맛보게 해주고 있다.

　　이처럼 전환할 때는 원작을 단지 영상으로 바꾸어놓는다는 안이한
자세에서 벗어나 독창적이고 개성적인 '새로운' 작품을 만들려고 해야 한
다. 전환에서 가장 중요한 것은 향유자들이 전환 전후(前後)의 작품으로부
터 동일한 정체성을 느낄 수 있어야 하며, 동시에 서로 독립적인 스토리

텔링을 구사함으로써 그 개별성을 인지할 수 있어야 한다. 즉, 두 작품이 동일한 정체성을 유지하면서도 매체의 특성을 적극 반영하여 장르적 변별성이 확보되어야 한다.

즉흥적인 이야기 창작하기

즉석에서 한 편의 짤막한 이야기를 만들어보자.

예를 들어 지금까지 살아오면서 겪은 아주 특별한 사건이나 주변에서 전해들은 재미있는 이야기를 바탕으로 작품을 써보자.

그런 다음 한 사람씩 작품 내용을 요약하여 발표한 뒤, 이야기의 테마는 참신했는지, 개성 있는 인물은 누구이고 그 이유는 무엇인지, 갈등 요소는 적절히 들어 있는지, 결말은 만족스럽게 맺었는지 등을 함께 토론해보자.

각색연습 - 분석형

각색, 곧 고전을 현대적으로 수용한 작품을 선택하여 다음과 같은 방식으로 분석해보자.
1) 작품소개, 2) 각색양상(캐릭터와 스토리라인, 영상미 등), 3) 제작과정, 4) 관객반응,
5) 흥행기록, 6) 연계상품, 7) 수익률, 8) 개발효과 등

각색연습 - 개발형

　문학이나 설화, 역사 등 고전에서 하나의 작품을 선정하여 현대적으로 각색해보자. 그 방법은 대략 다음과 같다. 우선 해당 작품의 원전을 찾아 제시하고, 작가와 창작시기, 서지사항 등을 간략히 소개한다. 그리고 매체의 특성에 맞게 캐릭터 설정과 스토리 짜기 등 스토리텔링을 해서 한 편의 각색 작품을 만든다.

　그런 다음 여러 사람 앞에서 발표한 뒤, 새롭게 각색한 작품이 과연 재미있고 감동적인지, 개연성은 있는지, 제작 가능성은 어느 정도인지 등을 함께 토론해보자.

전환연습

마음에 드는 소설(웹소설)이나 동화, 만화(웹툰) 등을 선정하여 영화나 드라마, 애니메이션, 게임 등으로 전환해보자.

먼저 작품을 선정할 때는 시각적 행위와 이미지로 잘 변형시킬 수 있을 것인가를 고려한다. 그와 함께 전환할 매체의 특성에 대해서도 충분히 이해해둔다.

전환 방법은 크게 두 가지인데, 하나는 원작에 충실하게 전환하는 것이며, 다른 하나는 원작의 기본적인 틀만 유지한 채 나머지는 완전히 새롭게 재구성하는 것이다.

구체적인 전환 방법은 1) 이야기의 흐름 파악, 2) 핵심 장면 설정, 3) 본격적인 전환 작업 등의 형식으로 진행하면 된다.

그리고 나서 여러 사람 앞에서 발표한 뒤, 원작의 핵심 포인트를 잘 잡아서 해당 매체에 맞게 적절히 변형시켰는지 함께 토론해보자.

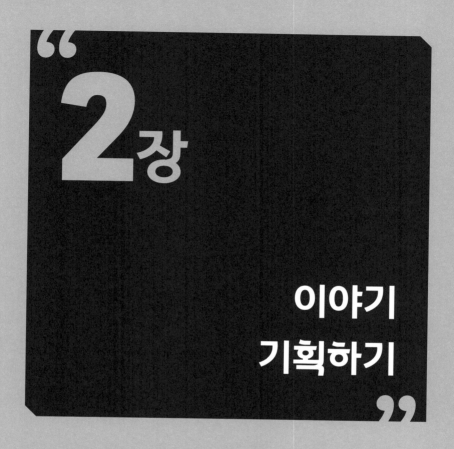

2장

이야기 기획하기

이야기는 누구나 창작할 수 있다

이 책은 최근 들어 급속히 부각되고 있는 문화콘텐츠 스토리텔링, 그중에서도 특히 원천소스인 이야기 창작기술에 대해 자세히 알아보기 위함이다.

여기서 이야기는 모든 장르를 관통하는 것이며, 이후 본격적인 스토리텔링을 통해 다양한 매체로 옮겨갈 수 있다.

흔히 사람들은 이야기를 천부적인 재능을 지닌 작가들이 평생 동안 마치 숙명처럼 창작하는 것처럼 생각하고 있다. 하지만 인너넷이나 스마트폰 등의 디지털 기술이 발달한 오늘날에는 어느 정도의 관심과 열정만 가지고 있다면 누구든지 이야기를 창작할 수 있다.

사실 이야기를 창작하는 데 특별한 학력이나 자격 조건이 있는 것은 아니다. 이야기는 전문가나 비전문가, 혹은 인문이나 사회, 자연, 예술, 체육, 공학, 경영학 등 전공에 상관없이 누구든지 창작할 수 있다. 심지어 관심과 재능만 가지고 있다면 초·중·고등학생도 얼마든지 창작할 수 있다.

또한 지금까지 사람들은 이야기를 머릿속에 떠오르는 한순간의 영감에 의지해서만 창작하려고 했는데, 이젠 좀 더 과학적이고 체계적으로 창작할 필요가 있는 듯하다. 보통 이야기는 테마 선정 → 자료수집 → 캐릭터 설정 → 스토리 짜기 → 이야기 확장하기 등의 과정을 거쳐 세상에 나온다.

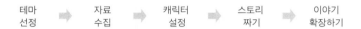

이야기 창작과정

테마
선정 ⇒ 자료
수집 ⇒ 캐릭터
설정 ⇒ 스토리
짜기 ⇒ 이야기
확장하기

번뜩이는 아이디어 찾기

우선 이야기를 창작하기 위해서는 많은 사람에게 인기를 끌만한 아이디어, 곧 소재나 모티프를 찾아야 한다. 요즘 사람들은 다양한 영상매체의 발달, 특히 인터넷의 광범위한 보급으로 이미 수많은 이야기를 경험한 상태다. 그러므로 어지간한 이야기에는 흥미를 느끼지 못하기 때문에 이야기 작가들은 항상 새로운 아이디어를 찾기 위해 노력해야 한다.

필자가 보기에 아이디어 찾기에는 왕도가 없는 듯하다. 아이디어는 우리의 일상생활 속에서, 그것도 아주 가까운 곳에서 찾을 수 있다. 예를 들어 사람들을 만나 이야기를 나누거나 혼자 있을 때 갑자기 떠오르기도 하고, 신문과 잡지, 방송 등 언론매체나 관심 있는 분야의 책을 읽을 때 우연히 얻을 수도 있다.

물론 더 좋은 아이디어를 찾기 위해서는 여러 가지 노력이 필요한데, 그것들을 체계적으로 제시하면 다음과 같다.

첫째, 좋은 작품을 많이 보고 분석해보라는 것이다. 특히 책을 많이 읽을 필요가 있는데, 세상에 독서만큼 상상력을 키워주는 것은 없기 때문

아이디어 창출과정

조이 레이먼은《아이디어》(안진환 옮김, 교보문고, 2006)라는 책에서 아이디어 창출과정을 다음과 같이 네 단계로 나누고 있다.

  □ 연구(Investigation)
  □ 부화(Incubation)
  □ 조명(Illumination)
  □ 입증(Illustration)

연구(Investigation)는 아이디어 창출의 첫 번째 단계로, 주어진 과제에 대해 다양한 질적·양적 데이터를 수집하고 분석하는 것이다.

부화(Incubation)는 시간적 여유를 가지고 충분한 생각, 특히 공상(空想)을 해보는 것이다. 이런 창의적인 발효과정을 거쳐 수백 개의 아이디어가 서서히 편집 가능한 상태에 이른다.

조명(Illumination)은 부화단계의 아이디어를 편집해서 "아하!"라고 소리칠 정도의 빅 아이디어(big idea)로 만드는 것이다.

입증(Illustration)은 빅 아이디어를 시각적으로 표현하고 구체화해서 시장에 내놓을 준비를 마치는 것이다.

조이 레이먼은 보통 이렇게 해서 하나의 아이디어가 세상에 나온다고 말한다.

이다. 사실 영화나 드라마 앞에서 우리는 항상 수동적인 관객에 불과하고, 게임이 아이디어를 가져다주는 경우는 별로 없다. 즉, 온갖 첨단기술이 동원된 현란한 영상들을 많이 본다고 해서 좋은 아이디어가 떠오르는 것은 아니다. 특히 영상매체는 이미지를 직접적으로 보여주기 때문에 비록 아는 것은 많을 지 모르나 상상력이 결여된 사람들을 양산하기가 쉽다. 그와 더불어 평소 고민을 많이 할 필요가 있다. 무엇이든지 '간절히 바라면 이루어진다!'고 아이디어는 끝없이 생각하고 고민하는 사람들에게 반드시 떠오르기 마련이다.

둘째, 교양을 넓히라는 것이다. 이야기 작가는 그 누구보다 문화적 · 예술적 · 학문적 역량이 풍부해야 한다. 창의력이나 상상력도 결국은 그러한 역량들과 비례하기 때문이다. 그러므로 틈나는 대로 정치사나 법제사, 신분사, 민중운동사, 풍속사, 농업사, 상업사, 수공업사, 종교사, 과학사, 의학사, 문학사, 어학사, 고고학사, 문화인류학사, 교육사, 여성사, 미술사, 음악사, 연극사, 영화사 등을 공부할 필요가 있다. 필자도 이러한 학문들을 통합적으로 익히려고 항상 노력해왔다.

셋째, 상상력이 중요하다. 상상력은 특히 아이디어를 찾거나 스토리텔링을 할 때 필수적인 요소다. 대표적인 예로 〈스타워즈〉는 그 당시에 누구도 생각하지 못한 우주를 소재로 하여 영화를 만듦으로써 지금까지 꾸준한 사랑을 받고 있다. 그리고 온라인 게임 〈바람의 나라〉와 〈리니지〉의 개발자 송재경은 본래 공학도였으나 독특한 상상력을 발휘하여 그러한 게임들을 개발했다. 특히 그는 한 사람보다는 여러 사람이 함께 놀면 더욱 재미있겠다는 생각에 그러한 온라인 게임을 개발하게 되었다고 한다.

넷째, 새로운 것을 시도하려는 도전정신이 필요하다. 1992년 서태지는 파격적인 복장과 빠른 비트의 음악, 거기다가 새로운 랩까지 추가하여 당시 사람들에게 커다란 충격을 주었다. 그래서 '문화대통령'이라는 명성을 얻기까지 했으며, 한국 대중음악계의 새로운 길을 열었다는 평가를 받고 있다.

다섯째, 때론 발상의 전환이 독특한 아이디어를 만들어내기도 한다.

한때 인터넷 사이트에 '귤인간'이 등장하여 네티즌 사이에서 선풍적인 인기를 끈 적이 있었다. 그것은 당시 고등학교 3학년이던 황진아와 김찬연 학생이 귤껍질에다 고양이의 깜찍한 표정이나 고뇌하는 표정 등 다양한 모양을 그린 뒤, 그것을 다시 교복을 입은 친구의 얼굴 위치에 올려놓고 찍은 일종의 합성사진이었다. 이는 비록 고등학생들의 장난스러운 행동으로 보이기도 하지만, 당시엔 톡톡 튀는 아이디어로 선풍적인 인기를 끌었다.

또한 2007년 모 대학 고고미술사학과에 다니는 한 학생이 도자기에서 떠오르는 이미지를 웹툰으로 그려서 매주 수요일마다 인터넷 포털사이트에 올렸다. 그런데 평범한 스토리와 소박한 그림체로 도자기에 관한 이모저모를 알려주어 그야말로 '은근슬쩍' 마니아층을 형성해나갔다. 그

고파채 섬네일

출처: 유튜브

래서 웹툰을 완결한 뒤에 마침내 단행본으로까지 출간되었다.

필자도 고전을 활용해 다양한 영상콘텐츠를 제작하는 고전 유튜브 채널 '고파채(고전을 파헤치는 채널)'를 운영한 적이 있다. 첫 번째 시리즈가 16세기 미암 유희춘의 《미암일기》를 토대로 당시의 흥미로운 일상생활을 보여주는 〈조선시대 일상생활사〉였는데, 탄탄한 스토리텔링에 기반하여 영상을 제작했다. 주인공 미암 유희춘과 그의 부인 송덕봉이 살아가는 이야기 속에서 당시의 흥미로운 일상생활사를 차근차근 보여주었다.

요즘 우리나라는 다른 어느 때보다 창조적 인재를 필요로 하고 있다. 기업이나 학교, 정부 등 사회 곳곳에서 참신한 아이디어로 정체된 분위기를 변화시켜줄 창조적 인재를 간절히 바라고 있다. 그러므로 우리는 일상생활을 하면서도 항상 새로운 아이디어를 찾으려고 노력할 필요가 있다.

자신이 좋아하는 테마를 선정하자

그럼, 이제부터 본격적인 테마 선정법에 대해 알아보자. 대개 아이디어가 소재 혹은 구상이라면, 테마는 제재에 가깝다고 할 수 있다.

그에 앞서 한국 문화콘텐츠의 한 가지 문제점을 지적하자면, 테마가 너무 한정되어 있다는 것이다. 대표적으로 우리나라 드라마의 경우 제작 기법은 날로 발전하고 있지만, 정작 다루고 있는 테마는 갈수록 획일화되어가고 있다. 고작해야 신데렐라 콤플렉스, 고부간의 갈등, 불륜 징치담, 출생의 비밀, 기억상실, 암 투병 등을 둘러싼 사랑이나 가족 이야기뿐이라고 해도 과언이 아니다. 반면에 미국 드라마는 의료진이나 수사진, 요리사 등 테마를 다양화하고, 그들의 도전정신과 애환, 암투 등의 이야기를 잘 그려내고 있다.

사실 이야기의 테마는 무궁무진하다. 우리 주위의 사소한 것에서부터 전문적인 영역에 이르기까지 모든 것이 이야기의 테마가 될 수 있다. 하지만 가급적 자신이 가장 좋아하고, 잘할 수 있는 분야를 선택하는 것이 좋다. 그래야만 그 작품에 열정과 에너지를 쏟아 붓고, 또 매일같이 즐

겹게 일할 수 있기 때문이다.

필자는 이전 저서(《문화콘텐츠학 강의: 쉽게 개발하기》, 커뮤니케이션북스, 2008)에서 콘텐츠, 특히 이야기의 테마를 크게 고전물과 현대물로 나누어 설명한 적 있는데, 그것을 간략히 살펴보면 다음과 같다.

먼저 현대물은 우리 주변에서 흔히 경험할 수 있는 사건들로 사랑, 살인, 화재, 사고, 사망, 질병, 실직, 기후, 환경, 재난, 전쟁, 스포츠, 요리, 탐험, 공상과학 등을 들 수 있다. 물론 이들 각각에서도 다양한 테마가 파생될 수 있다. 예를 들어 사랑의 경우라면 남녀 간의 사랑, 부부간의 사랑, 부모-자식 간의 사랑, 친구 간의 사랑, 이웃 간의 사랑, 인류에 대한 사랑, 노년의 사랑, 자기애 등이 있을 것이다.

고전물은 전통문화를 재활용하는 것으로 문학, 역사, 민속, 놀이, 음악, 미술, 건축, 음식, 복식 등을 들 수 있다. 이에 대해서는 앞의 '각색'에서 자세히 언급했으므로 생략하기로 한다.

요즘처럼 획일화된 사회에서 완전히 새로운 테마를 찾기란 쉬운 일이 아니다. 그러므로 때론 새로운 것보다 전통문화에서 테마를 찾아보는 것도 한 가지 방법이 될 수 있다. 실제로 디즈니사의 작품들이나 일본 애니메이션의 거장 미야자키 하야오 감독의 작품들, 〈반지의 제왕〉이나 〈왕의 남자〉, 〈대장금〉 등도 전통문화를 현대적으로 재해석해서 성공한 경우다.

다만 전통문화를 재활용하는 경우에도 지금 우리와의 관계가 매우 중요한데, 아무리 역사적 사실에 충실했다 하더라도 지금 우리의 삶과 동떨어지게 만든다면 대중에게 외면당하기 때문이다. 즉, 전통문화의 단순

차용은 아무런 의미가 없고, 지금 우리에게 재미와 감동을 주는 작품을
만들어야 한다.

어떤 장르의 이야기를 만들 것인가

　　문화콘텐츠에는 마치 하나의 수학공식처럼 서로 비슷비슷한 소재와 배경 및 전개구조를 가진 작품들이 많이 있다. 예를 들어 스포츠 만화라면, 1) 해당 스포츠에 입문하게 된 계기, 2) 입문(훈련)과정에서의 고난, 3) 선수들 간의 감정적 대립, 4) 갈등 극복과 한 팀으로의 거듭남, 5) 우열을 가리기 힘든 라이벌 등장, 6) 무서운 기술의 습득과 거기에 매달림, 7) 전국대회 진출 등을 서로 공유하고 있다. 이것을 흔히 '장르'라고 하는데, 대중은 뻔하고 진부한 줄 알면서도 눈에 익숙하기 때문에 계속해서 찾고 있다. 그러므로 이야기 작가는 테마를 선정한 후 어떤 장르의 이야기를 만들 것인지에 대해서도 아울러 고려해야 한다.

　　그런데 문학이나 미술 등의 예술 분야에서는 장르 구분이 비교적 명확하고 고정적이지만, 영화나 드라마, 애니메이션, 게임 등 문화콘텐츠의 장르는 끊임없이 생겨나고 파괴되고 합쳐지는 특성을 갖고 있다. 게다가 요즘에는 여러 장르가 서로 혼재되어 나타나는 경우가 많기 때문에 장르 구분이 더욱 모호하고 혼란스러울 수밖에 없다.

박인하는 《장르만화의 세계》(살림, 2004)에서 만화의 장르를 비교적 상세히 구분하고 있는데, 장르와 대표작을 중심으로 간략히 제시하면 다음과 같다.

- SF
  〈은하철도 999〉, 〈마징가 Z〉, 〈사이보그 009〉

- 추리 & 미스터리
  〈명탐정 코난〉, 〈소년탐정 김전일〉

- 호러 & 퇴마
  〈데빌맨〉, 〈아일랜드〉, 〈좀비헌터〉

- 판타지
  〈리니지〉, 〈봉신연의〉, 〈열혈강호〉

- 학원물
  〈굿모닝 티처〉, 〈쌍〉, 〈걸스〉

- 열혈만화
  〈거인의 별〉, 〈출동 119구조대〉

- 격투(액션)
  〈침묵의 함대〉, 〈드래곤볼〉

- 전문 & 일상
  〈맛의 달인〉, 〈힙합〉, 〈비빔툰〉

- 멜로
  〈금지된 사랑〉, 〈불면증〉

- 역사만화
  〈임꺽정〉, 〈장길산〉, 〈바람의 나라〉

- 개그
  〈먹통 X〉, 〈카오루의 일기〉, 〈꺼벙이〉

- 미소년 & 미소녀
  〈러브 인 러브〉, 〈오렌지 로드〉, 〈브론즈〉

앞에서 언급했듯이 문화콘텐츠에는 최소한 16가지 이상의 분야가 있으므로 여기에서는 대표적으로 영화 장르에 대해서만 간략히 살펴보도록 하자.

영화 장르에는 크게 액션, 멜로/로맨스, 공포/호러, 미스터리, SF, 다큐멘터리 등이 있다. 액션영화는 말 그대로 액션이 주를 이루는 영화로, 대개 물리적 폭력으로 관객에게 볼거리를 제공한다. 멜로/로맨스 영화는 남녀 간의 애정을 주요 소재로 다루고 있는데, 대체로 음악을 통해 주인공의 처지나 심정을 많이 표현한다. 공포/호러 영화는 주로 공포와 전율을 체험하려는 관객을 타깃으로 제작한 영화다. 미스터리 영화는 관객의 공포 심리를 자극하는 일종의 추리극으로, 특히 심리적 추리에 초점을 둔다는 점에서 공포/호러 영화와 차별성을 갖는다. SF 영화는 공상과학, 즉 미래나 우주 세계를 표현한 것으로, 〈스타워즈〉나 〈ET〉 등을 대표적인 예로 들 수 있다. 다큐멘터리 영화는 관객에게 단순한 재미보다는 어떤 특정한 지식이나 정보를 전달하기 위한 영화다.

이야기 기획 시 유의점

　기타 이야기를 기획할 때는 다음과 같은 점들도 유의하도록 하자.

　첫째, 누가 이 이야기의 소비자인지 타깃을 분명히 설정하라는 것이다. 가령 젊은 여성층을 대상으로 한다면 당당하고 능력 있는 여주인공이나 멋지고 근사한 남주인공이 등장하는 작품을, 나이든 어르신을 대상으로 한다면 꿋꿋하고 억척스러운 인물들이 등장하는 작품을 각각 만들어야 할 것이다.

　둘째, 트렌드, 곧 유행이나 시대 흐름을 잘 반영하라는 것이다. 대개 사람들은 자신의 마음을 잘 대변해주는 영화나 드라마, 캐릭터, 음반, 공연 등을 좋아하기 마련이다. 그러므로 어떤 이야기를 만들려면 그 시대의 사람들이 원하는 것들을 파악하여 적절히 반영해주어야 한다.

　셋째, 테마를 선정한 후에는 어떤 매체를 통해 표현할 것인지도 미리 결정해야 한다. 요즘은 매체가 워낙 발달하고, 또 각각의 매체에 따라 자료수집이나 스토리텔링 방향이 달라지기 때문이다. 그러므로 이야기 작가는 사전에 매체의 특성에 대해 충분히 파악해둔 뒤, 그 이야기가 최대의 효과를 발휘할 수 있는 분야를 선택해야 한다.

넷째, 기획단계부터 멀티유즈를 준비할 필요가 있다. 우리나라는 일단 콘텐츠를 만든 뒤 흥행 여부를 보고 나서 멀티유즈를 시작한다. 하지만 이는 시간 부족과 엉성함, 그리고 뻔한 멀티유즈가 될 수밖에 없다. 앞으로는 기획단계에서 이야기를 어떻게 활용할 것인지에 대한 자세하고 세부적인 논의를 하고 들어갈 필요가 있다.

끝으로, 이야기 창작에서 가장 중요한 것은 실현 가능성이다. 아무리 좋은 아이디어가 있어도 실현 가능성이 없다면, 결국 본격적인 콘텐츠 개발로 이어질 수 없기 때문이다.

자신만의 테마 선정하기

자신만의 특별한 관심사나 전공 분야, 한번쯤 각색해보고 싶었던 고전작품, 가까운 미래에 유행할만한 소재 중에서 하나의 테마를 선정한 뒤, 선정 동기와 대략적인 이야기, 적합한 장르와 매체 등을 간략히 적어보자.

그러고 나서 과연 인기를 끌만하고 흥미진진하며, 또 실현 가능한 테마인지 함께 토론해보자.

"3장

자료수집과 이야기 모양 만들기"

자료가 많을수록 이야기는 재미있다

많은 사람이 번뜩이는 아이디어만 있으면 금방 이야기를 만들 수 있다고 생각한다. 하지만 냉정하게 말해서 아이디어는 그저 아이디어일 뿐이다. 실제로 회사나 학교에서 콘텐츠 개발을 위한 아이디어 회의를 해보면, 정말 기가 막힌 아이디어들이 엄청나게 쏟아져나온다. 하지만 그것을 실제 작품으로 만들 수 있는 사람은 극소수에 불과하다. 즉, 이야기 창작에는 엄청난 시간과 노력이 필요하다.

우선 이야기를 창작하기 위해서는 많은 자료수집이 필요하다. 단적인 예로 한 권의 책을 만들고자 해도 200자 원고지로 1,000~1,200매 내외의 분량을 쓸 수 있는 이야깃거리를 준비해야 한다. 그래서 최소한 대여섯 시간 정도 투자하는 독자들에게 지식과 정보, 재미를 지속적으로 줄 수 있어야 한다. 필자의 경우는 작품보다 최소 5배 이상의 자료를 수집하는데, 그 기간은 보통 2~5년 정도가 걸리고, 분량도 요약본을 기준으로 A4 500장을 훌쩍 넘기곤 한다.

자료수집은 특히 역사물일수록 중요하다. 역사물의 경우 그 시대의 언어와 생활, 민속, 제도, 관습 등을 폭넓게 수집하면 할수록 독자들이 이야기에 매료되어 더욱 흥미를 느낄 수 있기 때문이다. 예컨대 '궁녀'에 관한 이야기를 쓰고자 한다면, 누가 주로 궁녀가 될 수 있었고, 그들은 무슨 옷을 입고 어떤 일을 했으며, 또 나이가 들어서는 어떻게 되었는지 등 아주 사소한 것이라도 철저히 조사해야 한다.

현대물의 경우도 마찬가지다. 예를 들어 등장인물이 식당업에 종사한다면 재료비나 인건비, 임대료, 음식값 등을 비교적 상세히 알아두어야 작품을 더욱 리얼하게 쓸 수 있다.

이처럼 글 쓰는 사람은 창의력과 함께 자료수집 능력을 동시에 갖추고 있어야 한다. 특히 전문 작가일수록 자료수집에 능숙해야 하는데, 그래야만 시간을 절약할 수 있기 때문이다.

자료수집은 고역(苦役)이다

그렇다면 자료수집은 과연 어떻게 하는 것일까?

먼저 자료조사의 대상은 작품배경과 등장인물, 사건 등에 관한 자료를 모두 조사해야 한다. 예를 들어《홍길동전》을 현대적으로 수용할 경우 홍길동이 살았던 16세기 사회상, 즉 당시의 의식주를 비롯해서 신분과 가족ㆍ축첩 제도, 의적, 무예와 도술, 지방사 등의 자료를 폭넓게 조사해야 한다. 그리고《홍길동전》에 나오는 배경과 인물, 사건에 대해서도 하나씩 차례대로 분석한 뒤, 현대인의 구미에 맞게 재구성할 수 있는 방안을 찾아내야 한다.

다음으로 자료수집의 범위는 인터넷을 비롯해서 도서와 그림, 사진, 인터뷰, 현장답사 등을 모두 포함해야 한다. 일반적으로 학생들은 자료수집을 할 때 인터넷에 의존하려는 경향이 있는데, 인터넷만으로는 분명히 한계가 있다. 인터넷에 떠도는 자료들은 주로 최근 정보가 많으므로 가급적이면 현황 파악이나 선행콘텐츠 조사를 할 때만 이용한다. 그리고 좀 더 깊은 자료수집은 관련 논문이나 저서들을 참조하도록 한다.

필자의 경우도 '고전의 현대적 수용'에 관한 작업을 많이 하므로 주로 문헌자료나 시각자료, 현장답사 등을 통해 자료를 수집하고 있다.

먼저 문헌자료는 실록이나 야사, 고문서, 문집, 논문집 등이 있는데, 본래 한국은 역사와 문화의 나라인지라 자료를 찾다 보면 의외로 많은 자료를 얻을 수 있다. 이들 자료를 찾을 수 있는 주요 사이트를 제시하면 다음과 같다.

조선왕조실록 홈페이지

출처: 조선왕조실록 홈페이지

각 대학교 도서관 홈페이지

국회도서관(https://www.nanet.go.kr)

국립중앙도서관(https://www.nl.go.kr)

한국교육학술정보원(https://www.keris.or.kr)

구글 스칼라(https://scholar.google.co.kr)

한국역사정보통합시스템(http://www.koreanhistory.or.kr)

한국고전종합DB(https://db.itkc.or.kr)

조선왕조실록(http://sillok.history.go.kr)

시각자료는 그림이나 조각, 건축, 유물, 지도 등을 들 수 있는데, 요즘 독자들은 시각자료에 관심이 많으므로 최대한 많이 수집할 필요가 있다. 게다가 시각자료는 복잡한 상황을 한눈에 보여줄 수 있을 뿐 아니라 그것을 보고 갖가지 생각을 떠오르게 하는 장점도 가지고 있다.

또한 필자는 박물관이나 전시관, 유적지, 문화원 등을 찾아가 필요한 자료를 구해오거나, 현장답사를 하여 직접 눈으로 관찰하며, 때론 해당 분야의 전문가와 만나 자문을 얻기도 한다.

나아가 필자는 요약정리를 매우 중시한다. 자료를 보면 반드시 정리해서 노트 같은 자료집을 만드는 버릇이 있는데, 그렇게 하면 자료를 쉽게 잃어버리지 않을뿐더러 작품 내용도 훨씬 풍부해진다.

예컨대 필자의 저서 중의 하나인《향랑, 산유화로 지다》(풀빛, 2004)를 통해 구체적인 자료수집 방법에 대해 알아보자.

이 작품은 향랑이라는 한 여인의 자살사건을 토대로 17세기, 더 나아가 전통시대 한국의 가족사를 한눈에 파악하도록 만든 것이다. 향랑은 17세기 후반기를 살다가 18세기로 접어든 숙종 28년(1702)에 자살한 여인인데, 그녀의 자살사건은 조선 후기 가족사의 변화상을 한눈에 보여준다. 특히 이 사건에는 어린 시절의 계모 문제, 결혼 후의 가정폭력과 이혼, 재혼 문제 등 갈등적 측면의 당시 가족사가 종합적으로 반영되어 있다.

이 작품을 쓰기 위해 필자는 먼저 전(傳), 한시, 소설, 잡록 등 향랑 사건을 기록한 문헌뿐 아니라 그동안 제출된 연구 성과를 모두 수집·검토해서 그 사건을 좀 더 객관적으로 파악했다. 그와 더불어 역사학, 법학, 가족학 등에서 이룩한 한국 가족사의 연구 성과를 바탕으로 그녀의 자결 원인과 실체를 역사적으로 규명했다.

필자는 또한 향랑이 살았던 시대의 생활사를 폭넓게 수집했다. 숙종 대에 관한 역사학계의 논의를 참조하고, 직접 《숙종실록》을 열람하며 17세기 후반의 기후, 자연재해, 농사형편, 정치상황 등을 찾아내어 향랑 사건을 재현하는 데 주요 배경으로 삼았다.

이 밖에도 경북 선산의 지역적 특성을 이해하기 위해 고지도나 읍지(邑誌), 고문서를 열람하고, 《선산군지》를 통해 민요와 전설, 세시풍속을 채록했으며, 필요에 따라서는 직접 몇 차례씩 현장답사를 다녀오기도 했다.

끝으로 실제 글쓰기에 있어서도 필자는 독자의 흥미를 불러일으키기 위해 전체적인 내용을 이야기체로 전개하되 더욱 깊이 있는 해석이 필요한 부분은 설명체로 전달하는 픽션과 논픽션의 중간적 글쓰기를 시도했다.

창작 스토리텔링의 자료수집법

샐리 로저스는 《이야기 쓰는 법》(김현아 역, 아이북, 2004)이라는 책에서 일종의 '연상 훈련'을 통해 자료수집을 하도록 권유하고 있는데, 이 방법은 창작 스토리텔링을 하는 데 많은 도움이 될 듯하다.

예를 들어 사막을 배경으로 한 이야기를 쓴다고 하자. 우선 눈을 감고 사막이 어떤 곳인지 머릿속으로 그려본다(배경). 그러고는 눈을 뜨고 그것들을 종이에 적는다. 다시 같은 방법으로 사막에 있는 자신의 모습을 생각해보고(캐릭터), 사막에서 어떤 모험을 하고 싶은지 상상해본다(사건들). 이후 한 사건에서 다음 사건으로 넘어갈 때마다 '다음에는 무슨 일이?'라는 지시어를 달아본다. 그래서 가장 적당한 대답을 선택하고, 그것을 다음 과 같은 기준에 따라 검토해본다.

1) 그것은 재미있을까?
2) 이치에 맞을까?
3) 가능한 일일까?
4) 만일 그렇다면 그 일은 과연 어떻게 될까?

결말 역시 이치에 맞는 질문과 대답을 통해 만들어본다.
샐리 로저스는 이렇게 하면 한결 쉽게 한 편의 이야기를 쓸 수 있다고 말한다.

이상과 같이 자료수집은 의외로 복잡하고 시간을 많이 요구하는 일이다. 사실 이야기 창작은 자료수집이 거의 대부분을 차지한다고 해도 과언이 아니다. 그리고 자료수집만 끝나면, 실제 글을 쓰는 데는 그리 오랜 시간이 걸리지 않는다.

선행콘텐츠 조사도 잊지 말자

한 편의 이야기를 창작하기 위해서는 폭넓은 자료수집과 함께 선행
콘텐츠도 철저히 조사해야 한다. 혹시라도 자신이 쓰고자 하는 이야기가

KBS 드라마 〈쾌도 홍길동〉
출처: 〈쾌도 홍길동〉 공식 홈페이지

문화콘텐츠 스토리텔링

이미 제작되어 시중에 나와 있거나 현재 누군가 작업하고 있다면, 애써 준비한 것들이 모두 헛수고로 돌아가기 때문이다. 또한 까다로운 독자들은 조금이라도 기존 작품과 비슷한 면이 보이면, 곧바로 흥미를 잃고 외면해버리는 경우가 많기 때문이다. 나아가 선행콘텐츠를 조사하다 보면 본래 자기가 생각했던 것보다 훨씬 다양한 시야를 확보할 수 있고, 주제도 더욱 선명하게 정할 수 있다.

대개 선행콘텐츠 조사를 할 때는 국내외에 나와 있는 소설이나 동화, 만화, 애니메이션, 방송, 영화, 드라마, 게임, 캐릭터 등 모든 매체의 작품들을 수집해야 한다. 예컨대 위에서 언급한 《홍길동전》의 현대적 수용이라면, 기존에 나와 있는 홍길동 관련 만화와 애니메이션, 영화, 게임,

황룡강 (洪)길동무 꽃길 축제
출처: 장성군 홈페이지

캐릭터, 지역축제, 관광기념품 등을 가능한 한 전부 조사해야 한다. 그런 다음 각각의 장단점을 분석한 후, 자신만의 독창적인 이야기 창작 방안을 마련해야 한다. 물론 선행콘텐츠에 너무 몰두하여 그것에 압도당해서는 안 될 것이다.

시놉시스와 이야기 모양 만들기

　노련한 작가들은 이야기를 쓰기 전에 미리 어떤 이야기를 만들 것인지 대략적인 계획을 짜놓고 들어가곤 한다. 시놉시스와 이야기 모양 만들기가 바로 그것이다.

　우선 시놉시스(synopsis)란 작품 개요, 곧 주된 내용을 말한다. 대개 시놉시스는 1) 주제, 2) 기획의도, 3) 등장인물, 4) 줄거리 등을 요약적으로 기술하면 된다.

　　1) 주제는 작품의 내용을 한마디로 표현한 것을 말하는데, 보통 이것을 가져다가 제목으로 쓰곤 한다.

　　2) 기획의도는 가장 중요한 부분으로, 이 작품을 쓰게 된 동기나 목적, 필요성 등을 말한다. 자신의 집필의욕을 충분히 보여주고, 아주 설득력 있게 써야 한다.

　　3) 등장인물, 곧 캐릭터는 머릿속에 선명히 떠오르도록 표현해야 하는데, 작품의 주인공과 조연, 적대자, 단역 등의 순서로 이름

과 나이, 외모, 성격, 습관, 작품 내의 역할과 관계 등을 차례대로 소개하면 된다.

4) 줄거리는 작품의 스토리라인으로, 인물들이 펼치는 주요 사건들을 처음과 중간, 끝의 순서대로 요약적으로 기술하면 된다. 줄거리는 가급적 대화 없이 현재형 문장으로 쓰는 게 좋다.

한편, 이야기 모양이란 앞에서도 언급한 샐리 로저스가 고안해낸 것으로, 이야기의 모양을 도표로 나타낸 후 그곳에 각각의 사건들을 표시하는 것을 말한다. 이야기 모양을 만드는 방법은, 도표의 직선은 재미있는 사건이 일어나지 않는다는 것을, 위로 올라가는 선은 이야기가 흥미진진하거나 좋은 일이 생기고 있다는 것을, 아래로 내려가는 선은 뭔가 나쁜 일이 생기고 있다는 것을 각각 나타낸다.

예를 들어 유명한 '신데렐라 이야기'를 가지고 하나의 이야기 모양

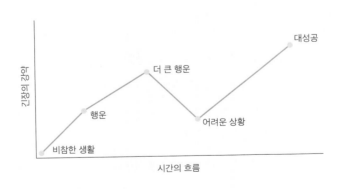

신데렐라의 이야기 모양

을 만들어보면 앞의 그림과 같다.

처음에 신데렐라는 왕자의 무도회에 갈 수 없는 처지에 놓여 있다. 그래프상에서 보면 '비참한 생활'이라고 쓰여 있는 지점이다.

하지만 요정인 대모를 만나게 되면서 상황은 순식간에 달라진다. 대모의 도움을 받아 무도회에 갈 기회가 생긴 것이다. 이제 그래프는 '행운'이라고 쓰여 있는 지점까지 가파르게 올라간다.

신데렐라는 우연히 무도회에서 왕자의 마음을 사로잡는다. 그래프는 다시 '더 큰 행운'이라고 쓰여 있는 지점까지 계속 올라간다.

하지만 신데렐라는 이후 누더기를 걸친 상태로 돌아가고, 왕자도 그녀를 찾을 수 없는 상황에 처하게 된다. 이때 그래프는 '어려운 상황'이라고 쓰인 지점에까지 급격히 떨어진다.

결국 왕자는 신데렐라를 찾아내어 결혼하고, 신데렐라는 원래 목표했던 것보다 훨씬 큰 목표를 성취하고 행복한 결말을 맺는다. 그리하여 그래프는 '대성공'이라고 쓰여 있는 지점까지 급상승하게 된다.

이처럼 글을 쓰기 전에 먼저 시놉시스와 이야기 모양을 작성해보면 글의 형식이 흐트러지지 않고 체계적으로 전개됨은 물론, 글의 내용을 훨씬 더 다양하고 깊이 있게 쓸 수 있다. 그러므로 앞으로는 미리 시놉시스와 이야기 모양을 작성해서 책상 앞에 펼쳐놓고 작품을 쓰는 습관을 들이도록 하자.

자료수집 및 이야기 모양 만들기

앞에서 선정한 자신만의 테마를 가지고, 우선 인터넷을 통해 그에 대한 현황 파악과 선행 콘텐츠 조사를 해보자. 그러고는 문헌자료와 시각자료, 현장답사 등을 통해 이야기 창작에 필요한 모든 자료를 수집·정리한다. 또 비록 시간이 걸리더라도 요약집을 만들어 자료들을 한눈에 파악하고 오랫동안 기억할 수 있도록 하자.

이윽고 한 편의 이야기를 쓸 만한 자신감이 생기면 그 자료집을 토대로 시놉시스와 이야기 모양을 만들어보자.

그것을 다시 여러 사람 앞에서 발표하고, 혹시라도 빠뜨린 자료는 없는지, 시놉시스와 이야기 모양은 비교적 견고하게 이루어졌는지 함께 토론해보자.

"4장

캐릭터
설정하기

"

캐릭터가 작품의 성패를 결정 짓는다 | 한국 문화콘텐츠 캐릭터의 문제점 | 등장인물의 유형 | 전형적이지만 전형적이지 않은 | 캐릭터 프로필과 등장인물 관계도 | 〈실습과제 8〉 캐릭터 설정하기 | 〈실습과제 9〉 캐릭터 각색연습

캐릭터가 작품의 성패를 결정 짓는다

이야기란 어떤 시간과 공간적 배경을 토대로 다양한 등장인물(캐릭터)이 여러 가지 사건(스토리)을 해결해나가는 과정이라 할 수 있다. 이야기의 배경에 대해서는 앞에서 충분히 논의했으므로 이제부터는 캐릭터와 스토리에 대해 집중적으로 살펴보자.

우선 캐릭터란 여러 가지 함축적인 개성을 지닌 창조물로, 사람들의 관심을 끌기 위해 만든 것이다. 캐릭터는 꼭 사람만이 아닌 사물, 동물을 가지고도 만들 수 있다. 예를 들어 '청소기'를 가지고 지나치게 깔끔한, 또는 남김없이 먹어치우는 성질이 급한 캐릭터를 만들 수도 있다. 디즈니 애니메이션 〈미녀와 야수〉에서도 찻잔 꼬마와 빗자루 아줌마를 캐릭터로 설정해서 독특한 재미를 주고 있다.

캐릭터의 종류는 크게 세 가지로 나눌 수 있다. 첫째 머천다이징(merchandising) 캐릭터로, 〈마시마로〉나 〈마린블루스〉, 〈딸기〉, 〈뿌까〉처럼 기본적으로 상품화를 전제로 하여 개발된 캐릭터다. 둘째 기업과 기관의 홍보용 캐릭터로, 경찰청 캐릭터인 〈포돌이〉처럼 하나의 독립된 기관을 대표할 뿐 아니라 그것의 이미지 개선을 위해 제작한 경우다. 셋째 작품 속의 캐릭터로, 만화나 애니메이션, 영화, 드라마, 게임 등의 등장인물을 말한다. 여기에서 주로 다루는 것도 작품 속의 캐릭터인데, 이들 역시 강한 스토리성으로 인해 언제든지 머천다이징 캐릭터로 활용될 수 있다.

이야기에서 캐릭터의 역할은 매우 중요하다. 캐릭터는 작가의 대리자요, 관객도 캐릭터를 통해 이야기와 교감하기 때문이다. 특히 사람들은 이야기를 대할 때 캐릭터와 자신을 동일시하기도 하고, 혹은 비판하거나 배척하기도 하면서 작품과 하나가 되어 흥미와 감동을 느끼곤 한다.

예를 들어 게임 속에서 사용자는 캐릭터를 마치 자신의 분신처럼 생각하며 즐긴다. 그들은 캐릭터의 성장과 더불어 자신도 성장하고, 캐릭터의 죽음과 더불어 자신도 죽게 되는 현상을 경험한다. 나아가 영화나 공연에서도 관람객은 무엇보다 자신이 좋아하는 캐릭터, 곧 배우를 보러 가는 경우가 많다.

실제로 우리 주변에는 캐릭터의 특성을 잘 살려 성공한 작품들이 대단히 많다. 예컨대 과거의 드라마 〈소문난 칠공주〉는 네 딸의 캐릭터를 잘 살려 성공한 대표적인 경우였다. 늘 착한 첫째딸 덕칠, 아버지의 기대에 부응해 군인이 된 둘째딸 설칠, 예쁘고 명품을 좋아하며 사고를 잘 치는 셋째딸 미칠, 어리지만 성숙한 막내딸 땡칠, 또 그들 각자의 남자친구나 남편들까지 모두 캐릭터를 잘 살려 성공했다.

한편, 캐릭터는 우리의 기억, 곧 '명작(名作)' 여부와도 관련이 있다. 작품 속의 캐릭터 설정이 명확하면 우리의 머릿속에 오랫동안 남을 것이요, 그렇지 않으면 이내 머릿속에서 사라지고 만다. 보통 어떤 작품이 오랫동안 우리의 머릿속에 남아있는 것은 무엇보다 그 캐릭터가 인상 깊었기 때문이 아닐까 한다.

한국 문화콘텐츠 캐릭터의 문제점

요즘 날이 갈수록 캐릭터의 중요성이 커지고 있다. 특히 방송 프로그램에서 캐릭터의 영향력은 거의 절대적이라 할 수 있다. 예컨대 이전의 버라이어티쇼에서는 코너 자체의 흥미성에 의존하여 전개한 데 비해, 요즘은 전적으로 캐릭터에 의존하여 전개한다. 대표적으로 MBC의 〈나 혼자 산다〉와 KBS2의 〈1박 2일〉, SBS의 〈런닝맨〉 등의 경우, 저마다 개성 있고 독특한 캐릭터들이 등장하여 끊임없이 사건을 만들고 이야기를 진행해나간다. 즉, 캐릭터를 바탕으로 에피소드를 만들고 프로그램을 이끌어나가는 것이다.

마찬가지로 드라마에서도 캐릭터의 비중이 점점 커져가고 있다. 예컨대 드라마 〈조강지처 클럽〉에서 큰아들 '한원수'는 비록 바람을 피우는 장본인이기는 하지만, 그가 하는 행동은 코미디에 가까워서 자칫하면 무겁고 우울할 수 있는 드라마 내용을 활기차게 만들어주었다.

이처럼 캐릭터는 작품을 이끌어가는 핵심 주체임에도 한국 문화콘텐츠의 캐릭터는 여전히 많은 문제점을 드러내고 있다.

KBS 2TV 〈1박 2일〉 출연진

출처: KBS 한국방송

    우선 한국 문화콘텐츠의 캐릭터는 상상력이 떨어져 독창적이지 않을뿐더러 너무 사실 중심적으로 설정되어 있다. 반면에 일본의 캐릭터는 〈포켓몬스터〉나 〈이웃집 토토로〉처럼 완전히 새로운 소재들을 발굴하여 설정하고 있다.

    다음으로 한국 문화콘텐츠의 캐릭터는 너무 정형화되어 있다. 특히 드라마 속 여주인공의 형상이 그러한데, 전형적인 착한 여자 콤플렉스에 빠진 채 대부분 순수하고 사랑스럽기만 하다. 게다가 신데렐라 콤플렉스까지 겸비하여 항상 '백마 탄 왕자'를 기다리고 있다. 물론 요즘은 이렇게 뻔한 캐릭터 설정에서 벗어나기 위해 자신만의 직업을 가진 당당한 여성들을 등장시키고 있지만, 이들 역시 수박 겉핥기식일 뿐 깊이 있게 다루어지지 못하고 있다.

끝으로 준비기간이 짧아서인지 양질의 캐릭터가 나오지 않고 있는 상황이다. 한국 문화콘텐츠의 캐릭터는 마치 도깨비 방망이를 휘두르는 것처럼 '뚝딱' 하고 만들어내다 보니 대체로 캐릭터의 개성이 잘 드러나지 않는 편이다. 그러므로 앞으로는 좀 더 여유를 갖고 철저히 연구해서 캐릭터를 만들어야 할 듯하다.

등장인물의 유형

그럼, 이제부터 구체적인 캐릭터 설정법에 대해 알아보자. 일반적으로 작품 속의 캐릭터, 곧 등장인물은 중요도에 따라 크게 네 가지 유형으로 구분할 수 있다.

먼저 '주인공'은 이야기를 처음부터 끝까지 이끌어가는 인물인데, 항상 무언가를 하려고 애쓰는 능동적인 인물로 설정해야 한다. 그래야만 끊임없이 부딪치고 스스로 사건을 만들면서 이야기를 이끌어가기 때문이다. 또한 완벽한 주인공보다 불완전한 주인공으로 설정하여 조금씩 발전해나가도록 하는 것이 좋다. 예를 들어 세계 명작 〈로빈슨 크루소〉를 통해 살펴보자. 이 작품의 주인공 로빈슨은 본래 거칠고 이기적인 청년이

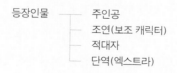

등장인물의 유형

등장인물 ── 주인공
         ── 조연(보조 캐릭터)
         ── 적대자
         ── 단역(엑스트라)

었는데, 하루는 평범한 생활을 버리고 부모 곁을 떠났다가 무인도에 표류하여 오랫동안 수많은 어려움을 이겨낸다. 그리하여 마침내 종교적 신념과 인내, 용기 등의 가치를 발견하고 돌아오는 것으로 설정되어 있다. 나아가 만화나 애니메이션의 주인공은 매체의 특성상 평소 단순무식하고 덜렁대는 성격이되, 정의나 진리 등의 기본 정신을 수호하려는 의지만은 다른 누구보다 강해야 한다. 그래서 동료나 친구들에게 항상 헌신적이어야 한다.

다음으로 '조연', 곧 보조 캐릭터는 주인공 혹은 적대자를 보조하는 인물로, 비록 그들보다 작품 속의 비중은 떨어지지만 사건 전개에서 없어서는 안 될 필수적인 존재다. 조연은 주인공과 늘 함께 다니지만, 약한 의지력과 강한 현실감각으로 간혹 위급할 때 주인공을 배신하거나 곤궁에 빠뜨리기도 한다. 그리고 대사는 주인공보다 많아야 하고, 스토리 전개도 주로 이들의 언행(言行)으로 진행하는 것이 좋다.

'적대자'는 주인공과 적대 혹은 라이벌 관계의 인물로, 주인공에게 반대나 반발, 방해를 계속하면서 고통을 부과하는 인물이다. 적대자도 무조건 사악한 것이 아닌, 영리한 인물로서 확실한 계획을 갖고 행동하도록 해야 한다. 즉, '이유 있는 악인'이 되도록 설정해야 한다. 특히 요즘 적대자는 기존의 평면적인 악인에서 벗어나 그 나름의 세계를 이루고 있는 인간적인 악인이 대세다. 또한 적대자의 존재는 인간만이 아니라 괴물, 외계인, 화재, 지진, 폭풍 등 매우 다양하다.

기타 '단역', 곧 엑스트라는 이야기의 전개 도중 잠깐씩 등장하는 인물로, 주요 인물들을 더욱 돋보이게 하는 역할을 담당한다.

전형적이지만 전형적이지 않은

　대개 개성적인 캐릭터란 '전형적이지만 전형적이지 않은' 캐릭터를 말한다. 즉, 일상 속에서 쉽게 접할 수 있는 인물이지만 나름대로 독특한 행동이나 매력을 가지고 있어 보는 사람들에게 일탈과 대리만족을 줄 수 있어야 한다. 예컨대 드라마 〈내 이름은 김삼순〉에서 주인공 '김삼순'은 기존의 젊고 아름다운 여성 캐릭터와는 거리가 먼, 30대의 뚱뚱한 노처녀로 등장한다. 게다가 그녀는 할 말은 다 하는 당돌한 여성이며, 유머러스한 면도 가지고 있다. 이처럼 〈내 이름은 김삼순〉은 전형성을 깬 캐릭터로 높은 시청률을 기록했다.

　우리나라는 오랫동안 유교사상에 의해 지배되어왔다. 이러한 점이 한편으론 캐릭터의 정형화를 불러왔는데, 그에 따라 항상 똑같은 등장인물을 만들어내고 있다. 예컨대 앞에서 언급한 것처럼 신데렐라형 여주인공과 왕자님형 남주인공이 바로 그것이다. 앞으로는 이처럼 틀에 박힌 사고에서 벗어나 사람들의 허를 찌르는 독특한 발상을 해낼 필요가 있다.

　보통 개성적인 캐릭터를 설정하기 위해서는 다음과 같은 요소들을 고려해야 한다.

우선 외적 특성으로, 어떤 특이한 버릇이나 습관을 가지고 있어야 한다. 예를 들어 재미있는 말투나 행동을 보이거나, 혹은 방언을 사용하게 할 수도 있다. 위에서 언급한 〈내 이름은 김삼순〉에서 주인공 김삼순은 '빽이 간다' 등의 비속어를 자주 사용함으로써 개성 있는 캐릭터로 부각되었다.

그와 함께 캐릭터의 내적 갈등에도 많은 신경을 써야 한다. 사람들은 의심이나 회의, 불신, 도피욕 등의 내적 갈등을 겪는 캐릭터에게 훨씬 쉽게 감정이입을 하기 때문이다. 특히 주인공의 경우 영웅이 되기 전에는 인간미를 살리기 위해서라도 단점들을 많이 보여줘야 한다.

필자가 보기엔 이중적 성격을 가진 캐릭터를 설정하는 것도 좋은 방법인 듯하다. 두 가지 성격을 가진 캐릭터는 새로운 형태의 이야기를 만들어내기도 쉽고, 악역이나 코믹적인 요소를 부각시키기도 쉽기 때문이다. 예컨대 영화 〈친절한 금자씨〉의 금자(이영애 역)나 살인마(최민식 역)는 모두 이중성을 띠고 있다. 금자는 감옥에서는 친절하게, 감옥 밖에서는 복수를 위해 살아간다. 살인마도 평소엔 친절한 영어 선생으로, 다른 때는 악랄한 살인범으로 나온다. 이들 두 인물의 이중성 때문에 영화가 더욱 재미있지 않았나 생각한다.

나아가 가족이나 직업, 이름 등도 고려해야 한다. 캐릭터를 설정할 때는 가족사항까지 세밀하게 설정해야 관객으로부터 신뢰를 얻을 수 있다. 그리고 직업적 특성도 고려해서 선정해야 하는데, 드라마 〈조강지처 클럽〉의 '한복수'는 시장 생선장수의 억척스럽고 강한 생명력을 잘 보여주고 있다. 이름 역시 개성 있는 캐릭터를 설정하는 데 큰 영향을 미치는데, 캐릭터의 성격을 반영하되 한 번 들어도 금방 알 수 있는 이름을 지을 필요가 있다. 예를 들어 앞에서도 언급했던 드라마 〈소문난 칠공주〉의 덕칠, 설칠, 미칠, 땡칠 등과 같은 이름이 바로 그것이다. 거기에다 별명도 지어주면 그야말로 '금상첨화'일 것이다.

　결론적으로 말해서 캐릭터를 설정할 때는 '과장'이 가장 중요하다. 캐릭터는 일상에서 쉽게 접할 수 있는 평범함만으론 인기를 끌기 어렵다. 그러므로 약간 특이하고 재미있어서 왠지 모르게 호기심이 생기도록 해야 한다. 실제로 대부분의 작품에서 사람 캐릭터는 약간 우스꽝스럽게 보이거나 성격이 독특하고, 사물이나 동물 캐릭터는 말을 하거나 엉뚱한 행동을 하기도 한다. 심지어 역사적 인물조차 사실성 여부보다 그 캐릭터의 성격과 행위가 오늘날 우리에게 공감을 줄 수 있느냐가 더욱 중요하다.

캐릭터 프로필과 등장인물 관계도

보통 초보적인 작가일수록 스토리에 전력을 쏟고, 캐릭터 설정에 대해서는 등한시하는 경향이 있다. 하지만 캐릭터가 제대로 설정되어 있지 않으면, 실제 작품을 쓸 때 상황에 따라 인물의 성격이나 행동이 자주 바뀌어 그야말로 '줏대 없는 이야기'가 되고 만다. 그러므로 이야기를 쓰기 전에 먼저 캐릭터 프로필을 작성할 필요가 있다.

캐릭터 프로필은 앞의 시놉시스에서 언급한 것처럼 1) 이름, 2) 외모, 3) 성격, 4) 습관, 5) 작품 내 역할과 내용 등의 순서로 작성하면 된다. 거기에다 등장인물을 연상할 수 있는 초상화를 직접 그리거나, 비슷한 이미지의 연예인 사진을 넣어주어도 좋다. 특히 요즘은 캐릭터를 설정할 때 가상의 배우 캐스팅까지 미리 해보는 추세다.

그와 더불어 등장인물 관계도를 제시하면 좋은데, 인물들 간의 관계를 간략히 도표로 작성하거나 그림으로 그려주면 된다.

아래에서는 한국 사극의 대표작 가운데 하나인 〈대장금〉과, 사극과 현대극을 오가는 판타지로맨스 드라마 〈도깨비〉를 통해 캐릭터 프로필과 등장인물 관계도의 실제에 대해 차례대로 알아보자.

서장금(徐長今, 8~49세)

주인공. 지성미를 갖춘 총명한 여인으로 적극적인 성격을 갖고 있다. 온갖 풍상을 겪지만 강인한 의지로 끝내 이겨낸다. 모종의 사건 때문에 백정 마을에 숨어사는 부모 밑에서 어린 시절을 보내던 중 갑자사화(甲子士禍)로 아버지와 헤어지고 어머니와 사별한다. 열 살에 입궁하여 궁중 최고의 요리사가 되고자 심혈을 기울여 능력을 인정받는다. 그러나 한 상궁과 관련된 모함에 빠져 궁에서 쫓겨나 관비가 된다. 제주관아의 관비로 있으면서 의술을 배워 다시 입궁, 결국 최고의 의녀가 되어 조선조 역사상 처음으로 임금의 주치의가 된다.

민정호(閔政浩, 29~50세)

한성부 판관으로 근무하던 중 금계(金鷄) 구입 일로 장금을 도와주다가 그로 인해 죽을 고비를 겪는다. 내금위 종사관으로 옮겨오면서 장금과 깊은 인연을 맺게 된다. 문과에 급제한 선비 출신임에도 무술이 뛰어나 잠시 내금위(內禁衛)에서 근무한다. 수려한 용모에 학식도 깊다. 일찍이 부인을 여의고 외로움에 직숙(直宿)을 자청하다가 장금과 가까워지며, 교서각이 두 사람의 만남의 장소다. 장금의 총명함과 학문에 대한 열정에 감복하여 도와주는 과정에서 그녀를 사랑하게 되며, 그로 인해 여러 번 위기에 처한다. 후에 동부승지로 내의원 부제조가 되어 장금을 돕다가 사헌부의 탄핵을 받고 파직되어 유배당

한다.

최금영(崔今英, 20~40세)

생각시 때 장금과 함께 궁에 들어와 궁녀 생활을 함께하는 수라간 나인이다. 장금과 오랜 기간 같이 지낸다. 야심이 크고, 출세욕이 강하며, 미모를 바탕으로 오만하다. 수라간 실세인 최 상궁의 조카다. 신분의 차이에도 최 씨 집안의 외가 쪽 적손(嫡孫)인 민정호를 어려서부터 흠모하고 짝사랑한다. 장금과 함께 궁중 최고의 요리사가 되기 위해 혼신을 다하던 중 최 씨 집안의 치밀한 계책 하에 임금의 승은을 입고 숙원(淑媛)이 되어 장금과 숙명적인 재회를 한다. 장금을 늘 경계하며, 끝까지 장금과 경쟁관계가 된다.

중종(中宗, 20~60대)

조선조 제11대 임금. 온화하지만 우유부단한 성격을 가지고 있다. 자순대비의 아들로, 연산군이 폐위된 후 보위에 오르게 된다. 조광조 기용을 계기로 개혁정치를 펴다가 장금을 만나며, 그녀의 따뜻한 성품과 뛰어난 재주를 아낀다. 후에 그녀를 주치의가 아닌 여자로 사랑한다.

한(韓) 상궁(40세)

한백영(韓白榮)이라는 이름으로, 수라간 나인들에게 요리를 가르치는 스승 격이다. 뛰어난 요리 재주를 가진 여자로 엄격한 원칙주의자다. 가슴 속에는 따뜻함을 지니고 있으나, 좀처럼 내색하지 않는다. 장금을 친딸처럼 아낀다. 최 상궁의 모함에 빠져 억울하게 죽임을 당한다.

최(崔) 상궁(38세)

이름은 최성금(崔成今)이다. 대대로 최 씨 집안에서 맡게 되는 수라

〈대장금〉 등장인물 관계도

출처: 〈대장금〉 공식 홈페이지

간 최고상궁 후보다. 한양부호 최판술의 여동생이자 금영의 고모다.
요리의 달인으로 출세에 대한 무서운 집념을 갖고 있다. 오만하고 자
존심이 강하다. 요리에 관해 자신을 따를 사람이 없다고 자부한다.
후에 수라간 최고상궁이 되어 비서(秘書)를 물려받는다.

강덕구(姜德九, 35~60세)

술 제조의 대가다. 궁중에 큰 연회가 있을 때마다 수라간에 불려
가는 남자 숙수(熟手)다. 잔머리를 잘 굴리며 종종 사기를 치다가 혼
이 나지만, 근본은 따뜻한 심성을 갖고 있다. 유머가 많으며, 되는 일
도 없고 안 되는 일도 없다. 부인인 나주댁의 위세에 눌려 집안에서
는 늘 죽어지낸다. 장금을 끝까지 도와준다.

〈도깨비〉는 2016년 12월 2일부터 2017년 1월 21일까지 16부작으로
케이블채널 tvN에서 방영되었던 드라마다. 김은숙 작가가 대본을 쓰고
이응복 감독이 연출을 맡았는데, 순간 최고 시청률 22.1%로 역대 케이블
채널 프로그램 중 최고 시청률을 기록했다. 〈도깨비〉의 줄거리는 "불멸의
인생을 마감하기 위해 인간 신부가 필요했던 도깨비, 그와 함께 기묘한
동거를 시작하게 된 기억상실증의 저승사자, 그런 그들 앞에 도깨비 신부
라고 주장하는 죽었어야 할 운명의 여자인 소녀가 등장하면서 펼쳐지는
신비롭고 운명적인 낭만설화"라고 소개되어 있다.

〈도깨비〉는 주연, 조연 할 것 없이 캐릭터가 모두 매력적으로 설정된
작품으로 유명한데, 주요 캐릭터와 등장인물 관계도를 살펴보면 다음과

같다.

주인공 도깨비 (과거 김신, 공유)

과거 김신이었을 때 그는 백성에게 '신(神)'이라 불릴 정도로 전쟁에서 늘 승리하는 뛰어난 무신이었다. 하지만 자신이 모시던 주군의 배신으로 역적이 되어 죽고, 가슴에 검을 꽂은 채로 되살아난다.

"오직 도깨비 신부만이 그 검을 뽑을 것이다."

그가 만난 어떤 여자도 검을 뽑지 못한 채 불멸의 삶을 살아가던 어느 날, 자신을 도깨비 신부라고 소개하는 19세 소녀 지은탁과 맞닥뜨린다.

저승사자 (이동욱)

이승에서의 기억을 모두 잃어버린 채 저승사자로 살아가고 있다. 죽음에서 눈을 떠보니 이미 저승사자였다. 도깨비인 김신과 살면서 하루에도 열두 번씩 바뀌는 신의 변덕에 인내심의 한계를 느낀다. 그러던 어느 날 우연히 마주친 한 여자, 써니에게 현기증을 느낀다. 써니의 예측 불가한 행동들에 상상력을 발휘해야 했고, 그의 서툰 행동들은 하나같이 오답이다.

지은탁 (김고은)

대한민국의 평범한 고3 수험생. 하지만 그녀의 인생은 태어날 때부터 평범하지 않았다. 어려서부터 다른 사람들의 눈엔 보이지 않는

〈도깨비〉 등장인물 관계도

출처: tvN 공식 홈페이지

문화콘텐츠 스토리텔링

죽은 이들의 혼이 보였고, 그래서 친구들 사이에서 늘 외톨이였다. 온갖 불행을 다 겪어야만 하는 슬픈 인생에서 구원자 도깨비를 만난다. 그리고 자신이 도깨비의 신부가 될 운명이라는 말을 듣는다.

써니(유인나)

혈혈단신 천애고아. 누군가의 첫사랑이 되는 게 세상에서 가장 쉬운 일이었다는 30세의 아름다운 여자다. 저승사자를 처음 만난 건 비로소 갖고 싶은 반지를 발견했을 때였다. 그는 그녀에게 양보하지 않은 최초의 남자였다. 그녀는 결코 사랑을 믿지 않았는데, 저승사자의 슬픈 눈이 자꾸만 눈에 밟힌다.

유덕화(육성재)

재벌 3세. 대한민국 재계에서 유 씨 집안을 모르면 금 유통이 안 된다고 할 정도로 굴지의 대기업 종손이다. 13대째 도깨비를 모시는 가신(家臣) 집안의 4대 독자다. 유 씨 집안이 한양의 변두리 금은방에서 시작해 대기업으로 성장한 것도 모두 도깨비 방망이 덕분이란다. 심지어 다음 세대에는 자신이 도깨비를 모셔야 한단다. 처음엔 자신의 운명에 반항하려 하지만 점차 철이 들게 된다.

이처럼 잘된 작품들을 보면 무엇보다 먼저 캐릭터가 잘 설정되어 있음을 알 수 있다. 특히 등장인물의 나이와 외모, 성격, 습관, 작품 내의 역할과 내용 등이 간략하지만 비교적 명확하게 설정되어 있다.

캐릭터 설정하기

앞에서 수행한 자료수집과 시놉시스 및 이야기 모양을 바탕으로 자신이 쓰고자 하는 이야기의 캐릭터를 설정해보자. 그리고 하나씩 캐릭터 프로필을 작성한 뒤, 등장인물 관계도도 만들어보자.

그런 다음 여러 사람 앞에서 발표한 뒤, 각각의 캐릭터가 내·외적으로 잘 설정되어 있고, 충분히 개성적으로 설정되었는지 함께 토론해보자.

캐릭터 각색연습

문학이나 설화, 역사 등 고전의 캐릭터 중에서 마음에 드는 하나를 가져다가 현대인의 구미에 맞게 각색해보자.

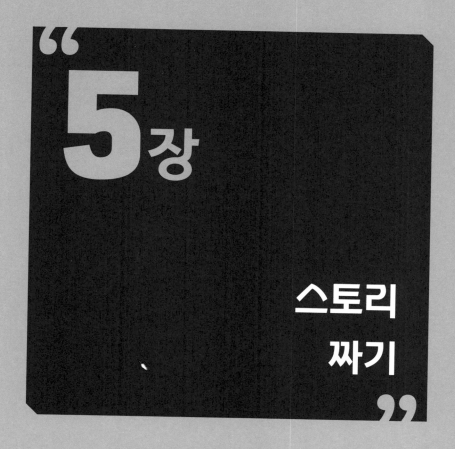

"5장

스토리 짜기"

스토리 짜기 능력의 부재

    대개 작가들은 테마 선정과 자료수집 및 캐릭터 설정까지 끝마칠 무렵이면 머릿속이 온갖 에피소드로 가득 차서 거의 터질 지경이고, 손가락은 한시라도 빨리 글을 쓰고 싶어서 근질근질하기 시작한다. 이러한 현상은 특히 글을 자주 쓰는 전문작가일수록 더욱 뚜렷하게 경험하는데, 한마디로 이제 본격적으로 스토리 짜기를 시작할 때가 되었다는 징후라고 할 수 있다. 그럼 작가들은 이전에 구상한 내용을 토대로 차근차근 말로 풀어 쓰고, 세부적인 묘사를 덧붙이며 본격적인 초고작업을 해나가기 시작한다.

    물론 아마추어 작가의 경우엔 스토리 짜기가 결코 쉬운 일만은 아니다. 머릿속에선 수많은 에피소드가 맴돌지만, 그것들을 정작 글로 풀어내기란 힘든 일이기 때문이다. 실제로 필자가 이야기 창작 수업을 하다 보면, 많은 학생이 스토리 짜기를 할 때 가장 힘들어했다. 그저 구도만 잡은 사람, 프롤로그와 에필로그만 써놓은 사람, 중간쯤 쓰다가 그만둔 사람 등 대부분 스토리 짜기를 할 때 한계를 드러내고 말았다.

앞의 캐릭터와 마찬가지로 스토리의 중요성은 아무리 강조해도 지나치지 않다. 그럼에도 한국 문화콘텐츠는 스토리의 중요성에 대한 인식이 부족하여 여전히 스토리 짜기에서 많은 문제를 노출하고 있다.

예컨대 가장 대중적인 매체인 TV드라마의 경우, 어느 작품에서나 부모-자식 간의 갈등이나 고부간의 갈등, 불륜 징치담, 출생의 비밀, 기억상실증, 불치병, 재산상속, 로맨스 등의 코드가 하나 이상씩은 나타난다. 또 갈등요소가 비슷하다 보니 이야기를 풀어가는 형식도 유사하다. 삼각관계 혹은 사각관계 설정이 바로 그것이다. 남녀 주인공이 등장하고, 그들을 좋아해서 따라다니는 조연이 각각 등장한다. 하지만 결국 주인공끼리 사랑을 이루고 조연들은 쓸쓸히 퇴장한다. 이러한 형식의 반복은 필연적으로 식상함을 가져오기 마련이다.

그런데 이런 뻔한 스토리는 다른 한편으론 시청자의 문제이기도 하다. 이전에는 드라마에 대한 시청자의 피드백이 거의 없었다. 하지만 요즘은 드라마가 끝나자마자 그 소감이나 감상을 인터넷을 통해 곧바로 전달할 수 있게 되었다. 이런 빠른 피드백은 시청자가 원하는 방향, 즉 시청자와 입장이 비슷한 남주인공과 여주인공이 맺어지기를 바라고, 결국은 해피엔딩이 되기를 바란다. 그럼 시청률을 중요한 척도로 삼고 있는 제작사 측에서는 시청자의 의견을 따라가거나, 최소한 고려하는 입장으로 드라마를 이끌어가게 된다. 그래서 항상 비슷한 스토리가 나타나게 된다.

또한 시청자는 비슷한 작품들에 대해 '뻔하다', '식상하다'라고 비판하면서도 정작 비슷한 류가 아니면 이해조차 하지 않으려는 경향이 있다. 그래서 제작사 측에서도 뻔한 스토리인 줄 알면서 계속해서 비슷한 작품을 만들 수밖에 없다. 대체로 작품성 있는 드라마의 경우 마니아층은 확보할 수 있으나, 주요 수용층인 중년 여성들의 시선을 끌지 못해 실패하는 경우가 많다. 그들은 드라마를 이해하거나 공부하기 위해 보는 것이 아니라 대체로 휴식이나 스트레스를 해소하기 위해 보는 경우가 많기 때문이다.

그와 함께 작가들의 노력 부족도 문제다. 즉, 단순히 '글빨'로만 승부하겠다는 작가들의 안이한 생각이 허술한 캐릭터와 스토리를 만들어낸다. 반면에 미국이나 일본의 경우는 해당 분야에 대해 전문인보다 더 많은 지식을 가지고 글을 쓰는 작가들을 흔히 볼 수 있다. 대표적으로 일본 소설이 원작인 드라마 〈하얀거탑〉을 예로 들 수 있다. 이 작품이 성공할 수 있었던 것은 우리나라처럼 배경만 병원으로 하고 주인공들의 사랑 이야기가 전부인 것과 달리, 전문적인 직업군의 주인공을 내세워 인간의 원초적 본능에 대해 깊이 있게 다루고 있기 때문이다. 이젠 우리나라 작가들도 글 쓰는 분야를 좀 더 세분화해서 전문성을 길러야 할 듯하다. 그리고 해당 분야에 천착해서 최대한 많은 정보를 수집한 다음 재미있고 감동적인 스토리를 짜야 할 것이다.

스토리는 갈등의 표현이다

스토리는 한마디로 갈등의 표현이라 할 수 있다. 스토리는 누군가가 다른 누군가와 부딪치며 전개되는 것이고, 나중에 그들의 생활에 변화를 초래해야 한다. 즉, 갈등이 없으면 스토리가 될 수 없고, 갈등을 얼마나 흥미진진하게 표현하느냐에 따라 작품의 재미와 감동이 결정된다.

이것을 흔히 이야기와 플롯의 관계로 설명하기도 한다. 예컨대 이야기는 "왕이 죽었다. 그리고 이후에 왕비도 죽었다"처럼 시간의 흐름에 따른 단순한 사건의 나열에 불과하고, 플롯은 "왕이 죽었다. 그러자 왕비가 슬픔에 젖어 따라 죽었다"처럼 인과관계가 있는 일련의 사건들을 말한다.

스토리에서 갈등의 요인은 여러 가지인데, 대표적으로 1) 자기 자신과의 갈등, 2) 개인들 사이의 갈등, 3) 사회에 반항하는 갈등, 4) 자연에 반항하는 갈등 등을 들 수 있다.

한편, 스토리는 주인공과 적대자가 엮어내는 중심 플롯 외에도 여러 조연의 하위 플롯이 있어서 독자들의 눈을 계속 현혹시켜야 한다. 좋은 스토리일수록 주인공과 적대자를 둘러싸고 여러 명의 흥미로운 인물들이 설정되어 작품에 웃음과 생기를 불어넣어주곤 한다. 물론 하위 플롯은 대체로 한 신, 길어야 두 신 정도로 처리하는 것이 좋은데, 그 이상이 되면 작품의 속도감이 떨어질 뿐 아니라 '도대체 누가 주인공이야?'라고 하면서 독자들이 혼란스러워할 수도 있기 때문이다.

스토리 구성법

앞에서도 말했듯이 스토리는 누군가와 더불어 미워하고, 갈등하고, 화해하는 모습을 순차적으로 그린 것이다. 스토리 구성은 크게 3단계설과 4단계설로 나눌 수 있다. 먼저 모든 이야기는 처음과 중간, 끝이 있다는 아리스토텔레스의 3단계 구성법은 오늘날까지도 스토리를 만드는 데 중요한 기초가 되고 있는데, 그 내용을 간략히 정리하면 다음과 같다.

> 1) 도입부: 사건의 원인이 제시되고, 주요 인물이 소개된다. 그와
>   함께 시간과 장소도 소개된다.
> 2) 중간부: 여러 가지 사건이 맞부딪치면서 스토리가 전개된다.
> 3) 결말부: 이야기가 대단원을 맺게 된다.

또한 많은 작가들이 기 · 승 · 전 · 결의 4단계 구성법을 쓰고 있는데, 그 내용을 간략히 정리하면 다음과 같다.

1) 기(起): 상황이 설정되고, 주인공이 문제에 부딪히게 된다.

2) 승(承): 사건이 복잡하게 얽히고, 주인공의 문제도 심화된다.

3) 전(轉): 위기국면으로, 사건이 절정을 이룬다.

4) 결(結): 종결국면으로, 모든 사건이 해결된다.

물론 3단계 구성법이든 4단계 구성법이든 어떤 불변의 원칙이 있는 것은 아니고, 작가 자신이나 작품의 성격에 따라 가장 적합한 구성법을 취하여 사용하면 된다. 여기에서는 편의상 3단계 구성법을 취하여 스토리 구성의 더욱 세부적인 사항들을 알아보기로 하자.

도입부는 사건의 출발점으로, 언제 어디서 누가 무엇을 어떻게 했나, 곧 시간과 공간적 배경, 등장인물, 사건, 작품 분위기 등을 한꺼번에 보여주어야 한다.

도입부에서 가장 중요한 것이 첫 장면인데, 아무리 좋은 작품이라도 첫 장면이 재미없으면 관객은 실망하여 곧장 외면해버리기 때문이다.

대개 첫 장면은 어떤 강렬한 상황이나 사건으로 시작하는 편이 좋다. 그러면 위와 같이 도입부에 들어갈 내용을 한꺼번에 소개할 수 있을 뿐 아니라 '왜 저런 상황(사건)이 일어났을까?'라는 의문까지 생겨나서 독자들로 하여금 자신도 모르는 사이에 작품 세계에 빠져들게 할 수 있기 때문이다. 물론 첫 장면부터 모든 것을 말하려고 해서는 안 되고, 다만 사건이 어떻게 일어났는지만 알려주면 된다.

중간부는 사건이 본격적으로 진행되는 단계로, 주인공이 추구하는 바를 가로막는 장애물들이 나타나고 사건은 더욱 복잡하게 얽히고설킨다. 그와 함께 멜로라인 같은 서브플롯, 곧 부차적 스토리라인도 발전해 나간다.

중간부에선 독자들이 재미를 느낄 수 있도록 모든 테크닉을 동원해야 한다. 가령 5분에 한 번쯤 독자들이 기분을 전환하도록 아름다운 풍경을 보여준다든가, 손에 땀을 쥐게 하는 격렬한 싸움이나, 숨죽이게 하는 러브신을 적절히 넣어주어야 한다.

실제로 재미있는 영화는 5분 간격으로 극적인 요소들이 계속 쏟아져 나온다고 한다. 예컨대 영국 런던대학의 슈 크레이트 교수에 의하면(김영한 외, 《태극기 마케팅》, 이지북, 2004), 최근 10년 동안 흥행에 성공한 영화들을 분석해보니 다음과 같은 황금공식이 작용하고 있었다고 한다. 즉, 재미있는 영화는 액션 30%, 코미디 17%, 선악대결 13%, 로맨스 12%, 줄거리 · 특수효과 각 10%, 음악 8% 등의 비율로 구성되어 있었다는 것이다.

재미있는 영화의 황금공식

출처: 김영한 외(2004), 《태극기 마케팅》

문화콘텐츠 스토리텔링

결말부는 모든 갈등이 해소되고 대단원을 맺게 되는 단계다. 결말부에선 그야말로 모든 것이 해결되어야 한다. 사건도 종결되고, 인물들 간의 갈등도 해결되며, 주제도 선명하게 드러나도록 해야 한다.

결말부의 마지막 장면도 도입부의 첫 장면 이상으로 중요하다. "끝이 좋으면 모든 것이 좋다"라는 말이 있듯이, 마지막 장면도 독자들에게 강한 인상을 주도록 해야 한다. 대개 드라마가 시작되고 5분 안에 시청자를 붙잡지 못하면 채널이 돌아가듯이, 마지막 장면에서도 감동을 주지 못하면 지금까지 애써 끌고 온 이야기의 모든 것이 시시해져버린다.

마지막 장면은 대개 세 가지 스타일이 있는데, 해피엔딩과 비극적 엔딩, 암시적 엔딩 등이 그것이다. 그리고 이야기는 비교적 조용히 끝낼 수도 있지만, 반전 같은 극적 장면을 넣어서 독자들에게 놀라움을 줄 수도 있다.

크리스토퍼 보글러는 《신화, 영웅, 그리고 시나리오 쓰기》(함춘성 옮김, 무우수, 2005)에서 할리우드 영화의 고전적 서사양식으로 '영웅의 여행' 구조를 제시했다. 영웅의 여행 구조는 우리의 스토리 짜기에도 많은 도움을 줄 수 있을 듯한데, 먼저 그 내용을 있는 그대로 옮겨보면 다음과 같다.

> 첫 번째, 영웅은 일상 세계에서 소개되어,
> 두 번째, 그곳에서 모험에의 소명을 받는다.
> 세 번째, 영웅은 처음에 결단을 내리지 못한 채 주저하거나 소명을 거부한다.
> 네 번째, 그러나 정신적 스승의 격려와 도움을 받아
> 다섯 번째, 첫 관문을 통과하고 특별한 세계로 진입한다.
> 여섯 번째, 그곳에서 영웅은 시험에 들고, 협력자와 적대자를 만나게 된다.
> 일곱 번째, 영웅은 동굴 가장 깊은 곳으로 접근하여, 두 번째 관문을 건너게 되는데
> 여덟 번째, 그곳에서 영웅은 시련을 이겨낸다.
> 아홉 번째, 영웅은 이의 대가로 보상을 받게 되고
> 열 번째, 일상 세계로의 귀환길에 오른다.
> 열한 번째, 영웅은 세 번째 관문을 건너며 부활을 경험하고, 그 체험한 바에 의해 인격적으로 변모한다.
> 열두 번째, 영웅은 일상 세계에 널리 이로움을 줄 은혜로운 혜택과 보물인 영약을 가지고 귀환한다.

이를 토대로 스토리 짜는 법을 좀 더 자세히 설명하면 다음과 같다.

- 첫 번째 무대 – 일상 세계: 먼저 일상적 세계를 설정한 후 여행을 시작한다. 여기서 일상적 세계는 특별한 세계와 매우 다르게 설정하는 것이 좋다.
- 두 번째 무대 – 모험에의 소명: 모험에의 소명은 선택의 한 과정이다. 어느 사회에 불안정한 상황이 야기되고, 영웅은 자발적으로 혹은 누군가에 의해 선택되어 의무적으로 모험에의 소명을 떠맡게 된다.
- 세 번째 무대 – 소명의 거부: 처음에 영웅의 반응은 주저하거나, 적어도 잠시 동안 소명을 거부한다.
- 네 번째 무대 – 정신적 스승과의 만남: 정신적 스승(샤먼)과의 만남은 여행의 한 단계로, 여기에서 영웅은 두려움을 극복하고 여행을 시작한다. 그리고

가족, 도표, 항해일지, 지도 같은 필수품과 지식, 용기 등도 얻게 된다.

- 다섯 번째 무대 – 첫 관문의 통과: 첫 관문의 통과는 모험이 본격적으로 시작되는 전환점으로, 제1막의 끝에 해당한다. 비행기의 이륙 부분쯤으로 생각하면 된다.
- 여섯 번째 무대 – 시험, 협력자, 적대자: 영웅은 잘 알지 못하는 특별한 세계에 들어간다. 이 단계에서 영웅은 다음 단계인 동굴 가장 깊은 곳으로 접근하기 위해 힘과 정보를 축적한다.
- 일곱 번째 무대 – 동굴 가장 깊은 곳으로의 접근: 영웅은 도중에 관문 수호자, 피할 수 없는 여러 사건, 시험 등이 있는 정체불명의 영역을 만나게 된다. 이것이 동굴 가장 깊은 곳으로의 접근이며, 이곳에서 그들은 아주 경이롭고 무서운 일과 대면한다.
- 여덟 번째 무대 – 시련: 영웅은 지금 동굴 가장 깊은 곳에 있어서 최대의 도전과 함께 이제까지 겪어보지 못한 가장 무시무시한 적과 마주하고 있다.
- 아홉 번째 무대 – 보상: 위기를 넘긴 후, 영웅은 죽음을 이겨낸 대가로 승전검을 획득하게 되고 이를 향유할 권리를 갖는다.
- 열 번째 무대 – 귀환길: 영웅은 귀환길을 택하여 출발 지점으로 되돌아가거

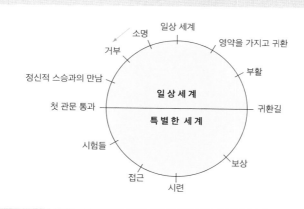

영웅의 여행 구조

출처: 크리스토퍼 보글러, 함춘성 옮김(2005), 《신화, 영웅, 그리고 시나리오 쓰기》

나 혹은 새로운 장소나 궁극적 목적지로 여행을 계속한다. 귀환은 또 다른 전환점으로, 제2막에서 제3막으로 가는 길목에 해당한다.

- 열한 번째 무대 – 부활: 부활은 최후의 시험이며, 영웅이 그동안 배운 것을 보여주는 기회의 장이다. 영웅은 최후의 희생 또는 생사의 더 깊은 차원의 신비로운 체험을 함으로써 완전히 정화될 수 있다. 최후의 절정, 곧 클라이맥스 단계다.
- 열두 번째 무대 – 영약을 가지고 귀환함: 모든 시련을 이겨내고 죽음을 극복해 살아남은 영웅은 출발 지점으로 되돌아가든가, 집으로 향하든가, 또는 여행을 계속한다. 이때 영웅은 특별한 세계에서 획득한 영약을 가지고 귀환하는데, 그 영약은 타인과 함께 나눌 수 있는 것, 또는 폐허화된 땅을 치유할 수 있는 힘을 가졌다. 이 무대는 얽힌 매듭이 풀리는 마지막 대단원에 해당한다.

물론 크리스토퍼 보글러는 독자들에게 전적으로 이것에만 의존하지 말고 자신만의 방법을 찾도록 당부하고 있다. 이것은 단지 작품을 쓰다가 막히거나 길을 잃었을 때, 마치 여행지도를 펼쳐보듯이 가볍게 참조할 뿐이라는 것이다. 그리고 항상 전통의 울타리에서 벗어나 창조적인 길을 걸어갈 때에야 비로소 새로운 발견이 이루어진다고 했다.

꼬리에 꼬리를 물고 이어지는 장면전개

스토리는 전체적인 뼈대만이 아니라 장면전개, 장면묘사, 대사사용 등 세부적인 부분까지 잘 짜여 있어야 한다. 그리고 곳곳에 보석 같은 장면이나 대사, 곧 명장면·명대사도 들어있어야 한다.

우선 스토리의 장면전개는 꼬리에 꼬리를 물고 이어지도록 하면 되는데, 마치 신(scene)의 연속인 영화 시나리오처럼 써나가면 된다. 대개 영화 시나리오의 각 신을 보면, 1) 배경설정, 2) 대화와 행동으로 사건전개, 3) 다음 장면의 언급 혹은 같은 인물의 장소 이동 등을 반복하며 이야기가 계속해서 이어진다. 스토리의 장면전개 역시 이와 같이 꼬리에 꼬리를 물고 이어지도록 하면 된다.

물론 뻔하고 순차적인 장면은 건너뛰고, 스토리 전개상 꼭 필요한 장면들만 보여주어야 한다. 모든 것을 일일이 다 설명하고, 순차적으로 진행되는 스토리는 정말 지루하고 재미없기 때문이다. 이야기는 인생 자체가 아닌 캡슐에 싸인 인생, 곧 응축된 인생의 표현이라는 걸 잊지 말자.

또한 장면은 가급적 빠르게 전개하는 것이 좋다. 요즘 스토리는 꼬리에 꼬리를 물고 이어지는 수많은 장면을 토대로 잠시도 눈을 뗄 수 없을 정도로 빠르게 진행되는 것이 특징이다. 예컨대 앞에서 말했듯이 영화의 경우 5분 간격으로 극적인 요소들이 계속 쏟아져나오면서, 전체적으로 스토리가 박진감 있고 스릴 있게 전개된다. 마찬가지로 뮤지컬도 공연 시작부터 관객의 시선을 끌어들인 뒤, 속도감을 계속 유지하면서 막이 내리는 순간까지 질주하는 모습을 보여주고 있다.

그렇다고 계속해서 거침없이 질주하면 독자들은 금방 지쳐버리므로 극적 사건이 있으면 그다음엔 풍경이나 해프닝, 로맨스 같은 숨을 돌릴 수 있는 장면을 집어넣어 독자들의 마음을 쉬게 해줄 필요가 있다. 즉, 작품의 긴장과 이완을 잘 조절해야 한다. 대표적인 예로 앞에서도 언급한 다니엘 디포의 《로빈슨 크루소》(김연수 옮김, 웅진닷컴, 2001)로 간략히 살펴보자. 이 작품의 서사단락을 간추려보면 극적 사건과 평온한 장면, 곧 긴장과 이완의 조화가 매우 잘 이루어져 있음을 알 수 있다.

1) 첫 번째 여행: 로빈슨은 변호사 서기가 되라는 아버지의 권유를 뿌리치고, 오직 세상을 두루 구경하고 싶다는 생각으로 배를 탄다. 하지만 머잖아 배가 난파되고 만다.

2) 해적: 로빈슨은 구조되어 다시 아프리카 기니로 가는 배를 타고 떠난다. 그런데 도중에 해적을 만나 포로로 잡혀가 2년을 고생한다.

3) 폭풍을 만나다: 로빈슨은 해적단에서 탈출한 뒤 브라질에 도착하여 4년을 보낸다. 그리고 다시 노예를 사기 위해 기니로

떠나던 도중 거센 폭풍을 만나 배가 난파되고 만다.

4) 조난자: 다행히 로빈슨은 혼자 살아남는다.

5) 무인도에서: 로빈슨은 무인도에서 살아남기 위해 열심히 노력한다. 자신이 살 집을 마련하고 보리를 심는다. 섬의 아름다움과 과일도 발견한다. 하지만 지진과 해일, 질병, 두려움 등으로 고통을 당한다.

6) 섬 생활: 로빈슨은 앵무새와 고양이, 개를 친구로 만든다. 농사와 사냥도 하고, 항아리와 접시도 만든다.

7) 위험한 항해: 한번은 로빈슨이 무인도에서 탈출을 시도하다가 위기에 닥치기도 한다.

8) 가족과 함께 저녁을: 로빈슨은 앵무새, 고양이 등과 함께 행복한 저녁식사를 한다.

9) 발자국: 하루는 로빈슨이 사람의 발자국을 발견하는데, 그것은 식인종의 종교의식이었다. 로빈슨은 자신도 모르게 두려움에 떤다.

10) 프라이데이: 식인종이 종교행사를 벌이고 있을 때, 로빈슨은 몰래 희생자 프라이데이를 구해낸다. 이후 로빈슨과 프라이데이는 행복하게 산다. 하지만 곧 식인종이 쳐들어와 한바탕 전투를 벌인다.

11) 반란군: 얼마 후 지나가던 영국 배에서 반란사건이 일어나고, 로빈슨이 그들의 진압을 돕는다. 그리하여 선장의 도움으로 마침내 영국으로 돌아가게 된다.

12) 낯선 생활: 후일담-로빈슨은 결혼하고 아내와 사별한 후, 다시 무인도에 찾아간다.

이처럼 명작일수록 파도의 물결 모양처럼 스토리가 긴장과 이완의 조화를 잘 이루고 있음을 알 수 있다.

장면묘사와 대사사용

　한편, 장면묘사는 가급적 정확히 해줄 필요가 있다. 문화콘텐츠에서 이야기는 마치 건물의 설계도 같은 것이므로 등장인물의 행동과 성격, 장소, 기타 소품 등 장면묘사를 정확하고 분명하게 표현해주어야 한다. 단적인 예로 영화의 경우, 현장의 모든 스태프는 시나리오를 기준으로 일하기 마련이다. 그들은 시나리오를 근거로 촬영 장소를 찾거나 배우를 섭외하며 세트장을 짓는다. 그러므로 시나리오에서 정확한 장면묘사는 그야말로 필수라고 할 수 있다.

　또한 대사사용은 간결하면서도 살아있어야 한다. 좋은 대사는 각각의 캐릭터마다 고유한 목소리가 부여되어 있고, 처음 들어도 명확히 이해할 수 있으며, 우리가 일상적으로 쓰는 진짜 대화처럼 자연스러운 느낌이 드는 것이다. 그러므로 스토리텔러는 평소 사람들의 말하기 유형, 특이한 말버릇, 단어의 반복이나 망설임, 잘못된 사용 등을 나름대로 철저히 연구해둘 필요가 있다.

　특히 대사사용에서 설명하는 대사, 문어체 대사는 쓰지 않도록 해야 하는데, 그것을 막기 위해선 대사를 쓸 때 배우들의 호흡과 연기를 염두에 두고 써나가면 된다.

　나아가 스토리에는 사람들의 인기를 끌만한 '명대사'도 가끔씩 들어 있어야 한다. 예를 들어 앞에서 언급한 드라마 〈도깨비〉는 명대사가 많기로도 유명했는데, 대표적으로 "망각 또한 신의 배려입니다", "너의 삶은 너의 선택만이 정답이다", "심장이 하늘에서 땅까지 아찔한 진자운동을 계속했다. 첫사랑이었다" 등을 예로 들 수 있다. 물론 명대사란 억지로 만들어지는 것이 아니라 가장 평범한 단어들이 작품 속에서 반복적으로 사용되다가 어떤 특정한 순간에 사람들의 심금을 울렸을 때 비로소 탄생한다.

기타 장면전개법

　　기타 스토리 짜기에서 유의할만한 장면전개법으로는 복선과 수수께 끼, 그리고 전개법과 귀납법 및 대조법 등을 들 수 있다.

　　먼저, 스토리에서 어떤 사건이 발생했을 때 우연성을 남발하면 설득 력이 떨어지고 허술한 작품이 되어버리고 만다. 그것을 막기 위해 이른바 '복선'을 사용하면 좋은데, 복선이란 어떤 상황이 있기 전에 미리 어느 정 도 정보를 주는 것을 말한다. 가령 병에 대한 얘기를 다루고자 할 때, 아 무렇지도 않은 사람이 갑자기 병에 걸리면 이상하게 느껴진다. 그러므로 전날 비를 맞아 하룻밤 심하게 앓는 장면을 넣어주면, 스토리는 자연스럽 게 연결될 수 있다.

　　다음으로 수수께끼는 독자들의 호기심을 유발하여 점점 스토리 속 으로 빠져들게 하는 속성을 가지고 있다. 예를 들어 1) 범죄가 발견된다, 2) 경찰이 조사한다, 3) 내막이 밝혀진다 등과 같은 장면전개가 바로 그 것이다.

　　그 외에 전개법이란 어떤 사건을 순차적으로 발전시켜나가는 것을,

귀납법이란 어떤 사건의 결과로부터 거꾸로 그 원인을 더듬어 올라가는 것을 말한다. 그리고 대조법이란 서로 대조적인 상황을 설정하여 독자들의 흥미를 이끌어내는 것을 말한다. 예를 들어《흥부전》은 마음씨 착하고 가난한 흥부와 욕심쟁이 부자인 놀부를 서로 대조시켜 스토리를 전개한 것이고, 전래동화 〈토끼와 거북〉은 발 빠른 토끼와 느림보 거북을 서로 대조시켜 거북이 기적을 일으키게 함으로써 통쾌함을 주는 경우다.

주제설정과 제목 정하기

    이상으로 이야기의 뼈와 살이라 할 수 있는 스토리 구성과 장면전개까지 살펴보았다. 이제 마지막으로 거기에 주제설정과 제목 달기를 해보도록 하자.

    먼저 주제란 "작품의 진정한 갈등은 무엇이고, 그것이 의미하는 바는 무엇인가"를 짧게 나타낸 것이다. 주제는 보통 하이 콘셉트(high-concept), 곧 한두 마디의 말로 간단하게 표현할 수 있어야 한다. 예를 들어 영화 〈태극기 휘날리며〉를 두고 누군가가 "저 영화는 어떤 내용이야?"라고 묻는다면, "한국전쟁을 배경으로 한 재미와 감동의 형제애 드라마"라고 한마디로 말할 수 있는 것과 같다. 이렇게 주제를 쉽고 간결하게 표현할 수 있을 때야 비로소 현장의 제작자들이 달려들어 그 작품을 토대로 영화나 드라마, 공연, 게임 등으로 만들고자 할 것이다.

    제목 또한 한 편의 이야기를 완성하기 위해 필수적으로 갖추어야 할 요소다. 제목이란 일종의 '지도'와 같은 것으로, 작품의 내용에 대한 정보를 집약적으로 담고 있어서 독자들로 하여금 제목만 보더라도 그 작품이

영화 〈태극기 휘날리며〉
출처: 〈태극기 휘날리며〉 영화 포스터

어떠한 방향으로 진행될 것인지에 대한 기대감을 불러일으킬 수 있도록 해야 한다.

대개 제목은 한두 개의 어휘나 짧은 문장으로 정하는 것이 일반적인데, 작품의 내용을 명시적으로 드러내는 제목, 문제를 제기하면서 작가의 주장을 더욱 강조하는 제목, 주제를 암시적으로 제시하는 비유적인 제목 등 다양한 형태가 있다.

김형식은 《영화마케팅 비즈니스》(MJ미디어, 1999)에서 한국 영화의 제목을 다음과 같이 구분하고 있다.

- 간단명료형
  〈접속〉, 〈서편제〉, 〈투캅스〉

- 직접전달형
  〈깡패수업〉, 〈마누라 죽이기〉, 〈생과부 위자료 청구소송〉

- 알쏭달쏭형
  〈개같은 날의 오후〉, 〈건축무한 육면각체의 비밀〉, 〈물위의 하룻밤〉

- 문장어구형
  〈돈을 갖고 튀어라〉, 〈엄마에게 애인이 생겼어요〉, 〈행복은 성적순이 아니잖아요〉

- 동 · 식물 사용형
  〈초록물고기〉, 〈고래사냥〉, 〈쉬리〉

- 외국어형
  〈고스트 맘마〉, 〈텔미 썸씽〉, 〈인터뷰〉

- 한자형
  〈학생부군신위〉, 〈퇴마록〉, 〈여고괴담〉

- 은어모드형
  〈비트〉, 〈닥터 봉〉, 〈돌아이〉

즐거운 수정작업

수정작업 역시 소홀히 취급해서는 안 된다. 흔히 사람들은 수정작업을 귀찮거나 괴로운 일이라고 생각하는 경향이 있는데, "피할 수 없으면 차라리 즐기라"는 말이 있다. 필자의 경우도 작품을 쓸 때마다 최소한 7~8번은 수정한다고 생각한다. 아니, 마음에 들지 않으면 전체를 다시 쓰거나, 아예 실패했다고 자인하고 그냥 버릴 때도 있다.

수정작업에서 해야 할 일은 매우 많다. 예컨대 인물의 성격에 일관성이 결여되어 있지는 않은가, 대사는 인물의 성격에 걸맞은가, 인물이 입체적으로 움직이고 있는가, 슬픔이나 유머, 증오, 기쁨 등의 강렬한 감정이 잘 드러나고 있는가 등 작품에 대해 다각적이고 깊이 있게 검토해야 한다.

그와 함께 문장수정도 꼼꼼히 해야 하는데, 시제는 정확하게 표현했는지, 인칭은 맞춰서 썼는지, 맞춤법은 제대로 썼는지 등을 자세히 검토해야 한다.

좋은 작품은 결국 신중한 계획과 근면한 노력, 끝없는 재수정의 산물이란 걸 잊지 말도록 하자.

명작의 장면분석

국내외의 명작 한 편을 선정하여 다음과 같은 방식으로 장면분석을 해보자. 그러면 스토리의 장면들이 어떻게 전개되는지 잘 알 수 있을 것이다.

1) 각 장면의 시작과 끝을 일일이 표시하면서, 그 위에 소제목을 달아본다.

2) 스토리의 흐름을 앞에서 배운 이야기 모양으로 만들어본다.

3) 결국 이 작품의 갈등구조와 주제가 무엇인지 파악해본다.

대사 부분 옮겨 쓰기

위의 명작에서 대사 부분만 따로 베껴 써보자. 인물들이 말하는 방식을 실제로 느낄 수 있도록 2~3페이지 분량의 대사를 직접 노트에 옮겨 써보자.

스토리 짜기

앞 장에서 수행한 시놉시스와 이야기 모양을 책상 위에 펼쳐놓은 채 여러 가지 자료집과 캐릭터를 바탕으로 본격적인 스토리를 짜보자.

스토리는 도입부 · 중간부 · 결말부 혹은 기 · 승 · 전 · 결의 형식으로 구성한 뒤, 마치 영화 시나리오처럼 꼬리에 꼬리를 물고 이어지도록 장면전개를 해나가면 된다. 기타 주제설정과 제목 정하기 및 수정작업까지 마무리해보자.

그러고는 여러 사람 앞에서 발표한 뒤, 각 장면이 긴장과 이완을 반복하며 자연스럽게 전개되었는지, 장면묘사와 대사사용은 간단명료하면서도 생동감 있게 이루어졌는지, 인물형상과 갈등구조 및 주제는 선명하게 드러나도록 설정했는지 등을 함께 토론해보자.

"6장

콘텐츠 제작 및 확장하기"

콘텐츠 제작방법

    지금까지 테마 선정과 자료수집, 캐릭터 설정, 이야기 짜기 등의 과정을 통해 스토리텔링의 원천소스, 곧 이야기의 창작기술에 대해 살펴보았다. 이제 마지막으로 그것을 토대로 각종 매체에 맞게 가공하여 하나의 온전한 콘텐츠로 제작하고 널리 활용하는, 이른바 '콘텐츠 제작 및 확장하기'에 대해 알아보자. 그런데 이야기를 각종 매체에 맞게 재구성하는 방법, 곧 본격적인 스토리텔링은 앞에서 설명했으므로 여기에서는 콘텐츠 제작방법에 대해서만 살펴보기로 하자.

    우선 이야기를 하나의 온전한 콘텐츠로 제작하는 방식은 매우 다양하다. 지금까지는 소설이나 동화, 만화 같은 출판물을 주로 이용했지만, 요즘에는 웹툰이나 웹소설 같은 디지털콘텐츠, 영화나 드라마, 애니메이션, 게임 같은 영상물로 곧장 제작하는 경우도 점점 많아지고 있다. 물론 출판물이 디지털콘텐츠나 영상물보다 제작비용 및 표현의 제약이 적어 1차 콘텐츠로서 많이 활용되지만, 최근 들어선 아이템이 좋고 이야기가 재미있다면 곧바로 영상물로까지 제작하고 있는 추세다.

따지고 보면 원작의 형태는 그야말로 다종다양하다. 예컨대《우리들의 행복한 시간》이나 〈오세암〉 같은 전통적인 소설과 동화뿐 아니라 〈둘리〉나 〈궁〉, 〈신암행어사〉, 〈리니지〉, 〈열혈강호〉, 〈쩐의 전쟁〉, 〈타짜〉, 〈식객〉 등 수많은 만화가 각종 콘텐츠로 제작되었다. 또한 〈아파트〉나 〈바보〉, 〈다세포 소녀〉, 〈D.P.〉, 〈닥터 브레인〉, 〈유미의 세포들〉 같은 웹툰이나 〈엽기적인 그녀〉, 〈동갑내기 과외하기〉, 〈옥탑방 고양이〉, 〈늑대의 유혹〉, 〈그놈은 멋있었다〉 등 인터넷 소설도 원작으로 활용되고 있다. 나아가 〈신기한 스쿨버스〉, 〈마법천자문〉 같은 에듀테인먼트, 〈TV동화 행복한 세상〉 같은 짤막한 일화, 기타 〈다빈치 코드〉처럼 사실과 허구가 결합된 팩션 등도 원작으로 활용되고 있다.

다양한 제작 교섭법

자신의 이야기를 콘텐츠로 제작하기 위한 교섭 방법도 여러 가지인데, 그것들을 좀 더 체계적으로 살펴보면 다음과 같다.

첫째, 자비를 들여 제작하는 방법이 있다. 예를 들어 유지은(《Hi 캐릭터, Hello 마케팅》, 미래의 창, 2004)에 의하면, 현재까지도 사랑받는 최고령 캐릭터인 '피터 래빗'은 본디 이렇게 탄생했다고 한다. 피터 래빗을 창조한 영국의 비아트릭스 포터는 어린 시절 자연을 친구로 여기고서 토끼나 쥐, 도마뱀, 개구리 같은 동물들, 각종 곤충이나 식물 등을 스케치하는 데 많은 시간을 보냈다. 그녀는 애완동물로 '벤자민'이라는 이름의 토끼를 키웠는데, 마침내 그것을 소재로 원고를 쓰기 시작한다. 이후 그 원고를 여러 출판사에 보냈으나 쉽게 승낙을 받지 못한다. 하지만 그녀는 실망하지 않고 첫 작품을 자비로 출판하고, 의외로 좋은 반응을 얻어 200부를 다시 찍었다. 그런 다음 불과 1년 만에 프레드릭 워렌 출판사에서 23권의 《피터 래빗》 시리즈 중 첫 번째 책을 출판하여 폭발적인 반응을 얻게 되었다. 결국 그녀의 이야기들은 전 세계에 걸쳐 800만 부 이상 팔려나갔고, 《피터 래

피터 래빗 캐릭터
출처: 구글이미지

빗》하나만 해도 100만 부 이상 팔렸다. 또한 피터 래빗 캐릭터는 250개의 라이선스 계약 회사들이 5천 개가 넘는 아이템에 적용하여 지속적이고 다양한 사업을 펼쳤다고 한다.

둘째, 콘텐츠 제작 기획서를 작성하여 그 분야의 전문가나 회사를 찾아가서 직접 제작을 의뢰할 수도 있다. 이때는 아는 사람들과의 관계, 곧 인맥이 중요한데 만약 자신이 학생 입장이라면 먼저 지도교수를 찾아가 상의해보는 것도 하나의 방법일 것이다.

셋째, 각종 플랫폼에 투고하는 방법이 있다. 대표적으로 웹소설과 웹툰, 개인방송, 글쓰기 플랫폼 등에 투고하는 것이다.

문화콘텐츠 스토리텔링

웹소설은 네이버 웹소설, 카카오 웹소설, 문피아, 조아라, 노벨피아 등에 작품을 투고한 후 독자들의 반응이나 운영진의 상업성 판단을 통해 본격적인 연재에 들어간다. 한국콘텐츠진흥원의 〈웹소설 이용자 실태조사〉에 따르면 2013년 200억 원을 밑돌던 국내 웹소설 시장규모가 2018년에는 약 4천억 원에 달해 불과 5년 만에 40배나 급성장했으며, 2020년 웹소설 시장규모는 약 6천억 원에 도달했다고 한다. 웹소설은 전문작가가 아닌 일반인도 얼마든지 부담 없이 도전할 수 있는 분야다.

웹툰은 네이버 웹툰과 카카오 웹툰, 레진 코믹스 등의 플랫폼에 연재하는 방식이다. 웹툰 회사들의 자체 공모전이나 한국콘텐츠진흥원 등 기관에서 추진하는 공모전을 통해 진입할 수 있다. 또 이미 데뷔한 프로작가의 경우에는 개인이 플랫폼에 직접 연재하거나 웹툰 스튜디오를 운영하며 그림 작가와 기획PD가 결합하여 작품을 플랫폼에 판매하기도 한다.

개인방송 플랫폼은 대체로 유튜브와 트위치로 양분되는데, 유튜브는 생중계가 종료된 방송이 영상콘텐츠로 저장되는 시스템으로 고정 시청자를 확보하는 데 유리하다. 개인방송에도 게임방송, 중계방송, 주식강의, 먹방, 음악, 교양 등 다양한 콘텐츠가 존재한다. 이 밖에도 틱톡, 유튜브 쇼츠, 인스타그램 릴스 등 다양한 영상 플랫폼이 있는데, 콘텐츠 전문가가 아닌 일반인도 영상을 제작하여 업로드할 수 있다. 장르의 폭도 넓어 전문 영상부터 숏폼 콘텐츠까지 망라하고 있다.

글쓰기 플랫폼으로는 대표적으로 브런치가 있다. 웹소설과 웹툰이 각각 킬링타임용(시간 보내기) 소설과 만화에 한정되어 있다면, 브런치는 다양한 소재와 이야기를 갖고 투고 및 연재할 수 있는 새로운 가능성의 에

브런치 홈페이지

출처: 브런치 홈페이지

세이 플랫폼이다. 작가들이 각자의 소재들로 투고하고, 그중에서 좋은 글
들은 네이버 등 대형 포털사이트와 연결하거나 출판하기도 한다. 양질의
콘텐츠는 물론 수익성도 적절히 조합되어 있어 앞으로의 가능성이 엿보
이는 플랫폼이다.

공모전을 노려라

넷째, 각종 문화콘텐츠 공모전도 적극적으로 활용해볼 필요가 있다. 콘텐츠 관련 공모전도 막상 찾아보면 상당히 많은데, 대체로 콘텐츠의 아이디어나 스토리텔링, 완성작 등 세 가지 차원으로 나눌 수 있다. 그 대표적인 사례들을 차례대로 제시하면 다음과 같다.

1. 콘텐츠 기획 아이디어 공모전
   언어와 장르는 모두 자유! 오직 아이디어로만 승부하라!
   ○ 응모 자격
     - 제한 없음(국적, 나이 불문/개인, 팀 모두 가능)
   ○ 응모 분야
     - 도서, 방송, 게임, 유튜브, 웹툰, 웹소설 등 모든 콘텐츠 아이디어
   ○ 응모 서류(양식은 자유)
     - 기획안: 제목, 콘셉트, 기획의도, 타깃 오디언스 등

– 콘텐츠 개요: 전체 원고의 10%(도서)

시놉시스와 콘티 3회분(방송, 유튜브, 웹툰 등)

○ 주관: 매경출판

2. 전국문화콘텐츠 스토리텔링 공모전

   ○ 소재

   – 인문 · 과학적 소재: 문학, 역사학, 지역학, 철학, 종교, 과

   학, SF, 민속, 연극, 예술 등 분야

〈콘텐츠 기획 아이디어 공모전〉

출처: 매경출판

문화콘텐츠 스토리텔링

－ 문화원형 소재: 선사부터 근 · 현대에 이르기까지 오랜 역
　　사 속에 형성된 우리 전통의 신화, 전설, 정치, 외교, 군사,
　　의식주, 건축, 의례, 기술, 음악 등 분야

○ 부문

　－ 시나리오 부문

　－ 트리트먼트 부문(상업성과 콘텐츠 제작 가능성이 있을 것)

○ 응모자격 및 출품 수

　－ 자격: 국내 거주자로서 국적 · 연령 · 성별에 관계없이 단
　　독 또는 공동 출품 가능(기업체 포함)

　－ 출품 수: 제한 없음

○ 출품작 분량

　－ 시나리오 부문: 특별한 제한은 없으나 적용 콘텐츠에 따라
　　다음과 같이 권장함

　　* 영화의 경우, 장편(100~120분)을 기준으로 A4용지
　　　70~100매

　　* 애니메이션의 경우, 극장용과 TV시리즈 모두 가능

　　* 드라마의 경우, 단편과 시리즈물 모두 가능

　　* 애니메이션과 시나리오가 시리즈물일 경우는 1회 방영
　　　분을 기준으로 제출(단, 시놉시스는 전체 시리즈물을 기준으로
　　　작성)

　　* 만화와 모바일은 특별한 제한이 없음

　－ 트리트먼트 부문: A4 10매 내외

○ 저작권의 귀속 및 이용권한

  – 입상작품의 저작권은 출품자 본인에게 귀속됨

  – 다만 입상작품의 비매용 인쇄물(콘텐츠 제작사 배포용)에 관한 제작 · 복제 · 배포와 관련된 권리는 (재)청주시문화산업진흥재단에 귀속됨

  – 출품작(입상작)의 콘텐츠 제작 등 저작권 이용 시 수익분배는 청주시문화산업진흥재단의 〈저작권대리중개업무규정〉에 따름

○ 주최 · 주관: (재)청주시문화산업진흥재단

○ 후원: 문화관광부, 충청북도, 한국문화콘텐츠진흥원, 서원대학교, 청주시

3. 전국 도서 · 해양 문화콘텐츠 공모전

  ○ 공모 주제

    – 도서 · 해양의 자연과 역사 · 문화를 소재로 한 창작물

  ○ 공모 분야

    – 멀티미디어 콘텐츠: 애니메이션, 플래시 애니메이션, 캐릭터, 3D그래픽, VR(가상현실), 홈페이지

    – 영상콘텐츠: 다큐멘터리, 모션그래픽, 극형식, 뮤직비디오, 광고, 스토리텔링

    – 문화상품: 생활용품, 패션소품, 관광기념품

○ 참가대상

    − 고등부: 전국 고등학교 재학생

    − 대학부: 전국 대학교 재학생

○ 심사기준

    − 주제의 충실도, 독창성, 작품완성도, 실용성 등

    − 도서 · 해양 특성을 잘 표현한 창의력 있는 작품

    − 학생으로서 재치와 패기가 넘치는 독창성 있는 작품

○ 주최: 전라남도, 목포시, 목포대학교

○ 주관: 목포대학교 다도해문화콘텐츠사업단

○ 후원: 문화방송, 조선일보, 한국문화콘텐츠진흥원

저작권 문제에 유의하자

한편, 콘텐츠의 제작 교섭 후 계약서를 작성할 때는 저작권 문제에 대해서도 유의할 필요가 있다. 나중에 캐릭터 등으로 라이선스 사업을 펼칠 때, 자칫 잘못하면 커다란 걸림돌이 될 수도 있기 때문이다. 특히 디지털 시대, 곧 원소스 멀티유즈 시대가 되면서 2차 저작권 문제가 갈수록 중요해지고 있는데, 막상 분쟁이 일어나면 모든 것은 계약서에서 나온다는 사실을 인지하고 처음부터 신중하게 검토해서 결정해야 한다.

대체로 작가가 작품을 써서 출판하게 되면 해당 출판사에겐 출판권만 양도하는 것이고, 더 나아가 영화나 드라마 등 영상물로 제작하게 되면 해당 제작사에겐 영상화 권리만 양도하는 것이다. 간혹 출판사나 제작사들이 계약서를 쓸 때 저자로 하여금 모든 저작권을 자신들에게 위임하도록 요구하기도 하는데, 원작인 이야기에 대한 권리는 어떤 경우라도 저자에게 있음을 명심하도록 하자.

콘텐츠 제작 기획서

주지하다시피 작가라고 해서 반드시 글만 쓰는 것은 아니다. 작품이 완성되면 콘텐츠 제작 기획서를 작성하여 출판을 비롯한 방송, 영화, 게임, 공연, 광고 등 여러 회사를 찾아가 제작을 의뢰해야 한다. 그러므로 콘텐츠 제작 기획서 작성법에 대해서도 미리 알아둘 필요가 있다.

그런데 콘텐츠 제작 기획서는 어떤 특정한 형식이 있는 것이 아니라 각 회사마다, 혹은 쓰는 사람에 따라 조금씩 차이가 있다. 그렇기 때문에 여기서는 일반적인 형식에 대해서만 설명하고자 한다. 다만 기획서는 여러 가지 업무로 바쁘게 일하는 회사의 담당자에게 읽혀야 하므로 최대한 간단명료하고 요령 있게 써야 한다.

대개 콘텐츠 제작 기획서는 앞에서 설명한 시놉시스와 유사한 형식으로 쓰면 되는데, 1) 제목, 2) 기획의도, 3) 매체선정과 제작방향, 4) 등장인물(캐릭터), 5) 줄거리(스토리라인), 6) 멀티유즈화, 7) 기대효과 및 개발의의, 8) 부록 등의 순서로 작성하면 된다.

1) 제목: 우선 제목을 맨 앞에 크게 제시하는데, 보통 제목은 작품 내용을 한마디로 표현한 주제를 가져다가 쓰곤 한다.

2) 기획의도: 기획의도는 가장 중요한 부분으로, 이 작품을 쓰게 된 동기나 목적, 필요성 등을 제시하는 것이다. 예컨대 테마와 콘셉트 등의 작품소개, 원전이 있는 경우엔 원문과 연구 성과 검토, 선행콘텐츠와 문제제기, 새로운 콘텐츠 개발 목적과 필요성 등을 차례대로 서술하면 된다.

3) 매체선정과 제작방향: 콘텐츠 제작 기획서에는 해당 작품에 적합한 매체와 대략적인 제작방향에 대해서도 제시해주어야 한다. 그러므로 요즘 작가들은 글쓰기 능력만이 아니라 각종 문화콘텐츠의 특성과 동향, 전망 등에 대해서도 나름대로 파악하고 있어야 한다.

4) 등장인물(캐릭터): 등장인물은 앞의 '시놉시스'에서 설명했듯이 작품의 주인공과 조연, 적대자, 단역 등의 순서로 나이와 외모, 성격, 습관, 작품 내의 역할과 내용 등을 차례대로 소개하면 된다. 그와 함께 가상의 배우 캐스팅과 등장인물 관계도도 작성해주면 더욱 좋다.

5) 줄거리(스토리라인): 줄거리 또한 앞의 '시놉시스'에서 설명했듯이 인물들이 펼치는 주요 사건들을 처음과 중간, 끝의 순서대로 요약적으로 기술하면 된다. 줄거리는 가급적 대화 없이 현재형 문장으로 쓰는 게 좋다.

6) 멀티유즈화: 요즘은 하나의 뛰어난 콘텐츠가 나오면 거기서 끝나는 것이 아니라 다양한 장르에 접목시켜 부가적 수익을 창출하는 멀티유즈화 시대다. 그러므로 앞으로는 기획단계부터 여러 가지 멀티유즈화 방안을 설정해줄 필요가 있다. 예컨대 1차 콘텐츠를 출판물로 잡았다면, 2차 콘텐츠는 드라마나 영화, 게임, 애니메이션 등 영상물로, 3차 콘텐츠는 그에 따른 각종 캐릭터 상품과 OST, DVD, 여행 상품 등을 설정할 수 있을 것이다.

7) 기대효과 및 개발의의: 끝으로 이러한 콘텐츠 개발로 인해 파생되는 문화, 경제적 기대효과와 그것의 개발의의는 과연 무엇인지 체계적으로 제시한다.

8) 부록: 기타 부록에는 트리트먼트나 참고자료 등을 첨부한다. 트리트먼트란 영화나 드라마 속에서 보게 되는 주요 장면들을 순서대로 소설적 형식으로 풀어놓은 일종의 '스토리집'을 말한다. 트리트먼트도 위의 줄거리처럼 산문형식으로 현재형 시점에서 쓰고 약간의 대사가 포함될 수 있으나, 되도록 간접화법으로 써야 한다. 물론 여기에 소설이나 시나리오, 희곡, 대본 등 매체에 맞는 완전한 작품이 있으면 더욱 좋다. 참고자료는 관련된 문헌이나 도서, 논문, 신문과 잡지 및 인터넷 기사, 시각자료 등을 제시하면 된다.

시나리오는 영상으로 들려주는 이야기다

한편, 원작을 다양하게 활용하기 위해서는 시나리오 쓰는 법도 알아 두어야 한다. 특히 영화나 드라마, 애니메이션, 게임 등 영상화를 위해선 시나리오 쓰는 법에 대한 이해가 거의 필수라 할 수 있다. 물론 시나리오 는 장르에 따라 그 표현기법을 달리하고 있다. 그러므로 여기서는 대표적 으로 영화를 중심으로 시나리오 쓰는 법에 대해 간략히 알아보자.

우선 시나리오란 영상으로 들려주는 이야기다. 즉, 어떤 사건을 눈 에 보이듯이 시각적으로 표현하는 것이다.

영화 시나리오의 구조

출처: 사이드 필드, 유지나 옮김(1992), 《시나리오란 무엇인가?》

사이드 필드(유지나 옮김, 《시나리오란 무엇인가?》, 민음사, 1992)에 의하면, 모든 시나리오는 시작과 중간, 결말을 가지고 있다고 한다. 또한 표본적인 시나리오는 대략 120페이지 분량으로 2시간 정도의 길이를 가지는데, 대략 계산해보면 시나리오 한 페이지가 영화 1분 정도를 차지하는 셈이다.

시작은 설정단계로 누가 주인공인지, 무엇에 관한 이야기인지, 극적 상황이 무엇인지를 독자들로 하여금 알게 해야 한다. 그리고 시작 부분의 마지막에 구성점이 놓이는데, 구성점이란 이야기를 다른 방향으로 전환시키는 사건을 말한다.

중간은 대립 부분으로 등장인물이 작품을 통해 무엇을 얻을 것인지 목적을 정하고, 그것에 대한 장애물을 만들어내야 한다.

결말은 해결 부분으로 이야기가 어떻게 끝나는지, 주인공은 어떻게 되는지 등을 보여줘야 한다.

일반적으로 시나리오는 시퀀스와 신들로 이루어져 있다. 시퀀스(sequence: 에피소드, 일화, 사건)는 하나의 이야기 단위로, 두 개 또는 다섯 개의 신이 모여 시퀀스가 된다. 예를 들어 결혼이나 전쟁, 강도 사건 등이 그것이다. 시퀀스에도 시작과 중간, 결말이 있다.

신(scene: 장면)은 시나리오의 기본 단위로, '지금 사건이 어디에서 벌어지고 있는가, 시간은 언제인가'라는 장소와 시간의 두 요소가 포함되어 있다. 만일 장소와 시간이 바뀌면 새로운 신이 되어야 하는데, 왜냐하면 촬영하는 카메라의 위치를 변경해야 하기 때문이다.

또한 시나리오는 지문과 대사의 반복으로 전개되어나간다. 원래 소설의 지문은 읽고 이해할 수 있도록 되어 있지만, 시나리오의 지문은 보고 느낄 수 있도록 되어 있다. 즉, 시나리오의 지문은 시각화 · 영상화를 전제하지 않으면 안 된다. 대체로 지문은 무대 설명과 인물의 동작 지정을 맡고 있다.

또한 사람들은 시나리오의 대사를 일상회화라고 생각하지만, 사실은 미리 계산해서 만들어진 것이다. 그러므로 불필요한 대사는 생략하고, 전체적인 통일성을 유지할 수 있도록 해야 한다. 대사는 보통 사실과 정보 전달, 인물의 성격과 감정 표현, 스토리 전개 등의 기능을 맡고 있다.

결국 시나리오는 1) 신 번호(S#1, S#2…), 2) 장소와 시간, 3) 지문과 대사, 4) 기호(O.L., NA, full shoot, close-up…) 등의 반복으로 써나가면 된다고 할 수 있다. 그리고 신과 신 사이에는 한 줄을 띄어 쓰고, 지문과 대사 역시 서로 구분할 수 있도록 띄어 써야 한다.

여기에서는 한국 영화사상 최고의 흥행성적을 기록한 〈괴물〉의 '프롤로그' 부분(영화진흥위원회, 《2006 한국 시나리오 선집》상, 커뮤니케이션북스, 2007)을 통해 시나리오 쓰는 법에 대해 직접적으로 알아보자.

　　S#1. 프롤로그

　　달그락대는 쇳소리와 함께, 어두웠던 화면 서서히 밝아지면…
　　금속성 물건들이 가득한 차가운 색조의 영안실, 그 위로 자막이 흐른다.
　　자막: 2000년 2월 9일-주한 미8군 용산기지 내 영안실
　　화면 좌측에는 큰 키의 미국인 부소장 더글라스가, 반대쪽 맨 우

측 끝에는 작은 체구의 한국인 김씨가 보인다.

서로 멀찌감치 떨어져 말없이 의료도구를 정리하는 두 사람…

더글라스   싱크대 윗면을 슥- 손가락으로 문질러본다.

(손가락 끝의 먼지를 보며) 난 세상에서 이게 젤 싫어요.

김씨   … 청소 다시 하겠습니다.

더글라스   청소는 나중에 하고, 이거부터 좀 버렸으면 좋겠는데.

발 아래쪽에서 커다란 박스를 꺼내는 더글라스, 박스 안에는 유리
병들이 가득하다.

김씨   이거는… (당황) 포르말린인데…

더글라스   정확히 '포름알데히드'죠. 더 정확히 말하면 '먼지 낀
포름알데히드'. 잘 봐요. 여기두 병마다 가득…

김씨   …

더글라스   짜증 나. 죄다 싱크대에 갖다 부어버려요.

김씨   예?

더글라스   전부 방류하라구요.

김씨   아니, 저… 그게 아니라… 이건 독극물이라서 규정
상…

더글라스   (말 끊으며) 그냥 하수구에 부으면 돼요.

김씨   하수구에 버리면 한강으로 흘러 들어갑니다.

더글라스   그렇죠. 그냥 한강에다 버리자구요.

김씨   저기… 이게 웬만한 독극물도 아니고…

더글라스   (말 끊고) 한강 큽니다. 마음을 크구 넓게 가집시다.

김씨   (어이없는 듯) …

더글라스   아무튼… (부드럽게 웃으며) … 명령이니까 부으세요.

더글라스의 눈을 똑바로 쳐다보는 김씨… 영안실에 싸늘한 정적이 흐른다.

(시간 경과) 홀로 남은 김씨, 포름알데히드를 한 병 한 병 수챗구멍에 따라 붓고 있다.

독극물에서 올라오는 독성가스에 어지럼증을 느끼는 김씨, 방독면이 걸려 있는 벽 쪽으로 간다.

김씨를 따라 카메라도 트래킹하면, 테이블 위에 줄지어 늘어서 있는 유리병들…

거의 400여 병의 포름알데히드 병들이 자기 순서를 기다리며 늘어서 있다.

방독면을 뒤집어쓰고, 다시 작업을 계속하는 김씨.

유리병의 독극물을 계속 쏟아 부으며, 다른 손으로는 싱크대를 문질러본다.

손가락 끝에 먼지가 묻어나는지 유심히 들여다보는 김씨…

독극물은 평범한 소용돌이를 그리며, 끊임없이 하수관 속으로 빨

영화 〈괴물〉

출처: 〈괴물〉 영화 포스터

려 들어간다.

　*화면 위로 슬며시 시작되는 오프닝 음악… 불길한 분위기의 음악
이다.

　S#1에서 S#6까지, 음악과 메인 스태프 자막으로 연결되는 하나의
opening credit sequence.

집단 · 공동 창작 시스템

　최근에는 이야기가 산업화되면서 스토리텔링을 혼자서 하지 않고 여러 사람이 모여서 함께하는 '집단 · 공동 창작'이 늘어나고 있다. 그러므로 마지막으로 이에 대해 간략히 알아보자.

　먼저 집단창작은 여러 사람이 한데 모여 일정한 조직을 이루어 작업하는 것을 말한다. 예컨대 요즘 드라마의 경우, 늘어나는 콘텐츠의 수요를 감당하지 못해 여러 명의 작가가 서로 결합하여 하나의 대본 작업을 한다. 나아가 상당수 스타작가들은 자기 아래에 보조작가나 신인작가를 두고 함께 일하고 있다. 물론 미국에서는 일찍부터 이러한 집단창작 시스템을 도입하여 드라마의 전문성과 사실성을 높이고 있다.

　일반적인 집단창작 방법을 드라마를 비롯한 방송 프로그램의 경우를 통해 살펴보면 다음과 같다. 1) 프로듀서와 작가들이 모여 그 주에 방송할 내용에 대한 전체적인 윤곽을 잡는다. 2) 각 코너를 담당한 작가들이 적합한 아이디어를 준비해온다. 3) 그 아이디어가 재미있고 적합한지 회의를 한다. 4) 그런 다음 각자 구체적인 대본작업에 들어간다. 5) 1차

대본이 나오면 다시 한번 토의한다. 6) 마지막으로 메인작가의 수정작업을 거쳐 최종 원고를 완성한다.

따지고 보면, 드라마는 본래 개인 창작물이 아닌 여러 사람의 협력에 의해 만들어진 작품이라 할 수 있다. 아이템 찾기부터 프로듀서의 의견이 반영되고, 대본이 완성된 후에는 연출자와 스태프들, 연기자들에 의해 약간씩 수정되기도 한다. 또 시청자가 작품에 영향을 주기도 하는데, 특히 연속극 같은 경우에는 시청자의 반응을 보면서 작가가 작품의 방향을 바꾸어나가기도 한다.

그에 비해 공동창작은 둘 이상의 사람이 힘을 합쳐 공동으로 작품을 쓰는 것으로, 예컨대 영화 〈태극기 휘날리며〉의 경우 감독이 불러주면 작가가 신이나 대사를 정리하는 방식으로 시나리오 작업을 했다고 한다.

공동창작 방법도 여러 가지가 있다. 서너 명의 작가가 모여 테마 선정에서 자료조사, 캐릭터 설정과 스토리 짜기 등을 완전히 공동으로 하는 경우가 있고, 그렇지 않으면 두 사람이 한 팀을 이루어 한 사람은 이야기꾼, 다른 한 사람은 전문필자가 되어 서로 주거니 받거니 작업하는 방식도 있다.

물론 공동창작은 혼자서 하는 것보다 아이템 찾기나 사건전개에서 훨씬 유리할 수도 있다. 하지만 자칫 잘못하면 득(得)보다 실(失)이 많을 수도 있다. 예컨대 시작은 좋으나 중간에 글을 어떤 방향으로 이끌고 갈 것인지 혼란을 겪기도 하고, 게다가 나중에는 글을 누가 더 많이 썼는지를 놓고 서로 이견이 생길 수도 있다.

그러므로 공동창작이 성공을 거두기 위해서는 반드시 아이템의 조화가 이루어져야 하고, 항상 서로 문제의식을 공유하고 있어야 하며, 무엇보다 상대를 배려하고 양보하는 마음이 있어야 한다. 또한 시간이 중요하기 때문에 미리 대략적인 완성 날짜를 정해놓고 작업해야 한다.

기획서 작성하기

앞에서 창작한 이야기를 가지고 우선 한 편의 트리트먼트를 쓴 후, 콘텐츠 제작 기획서를 작성해보자. 기획서는 제목, 기획의도, 매체선정과 제작방향, 등장인물, 줄거리, 멀티유즈화, 기대효과와 개발의의, 부록 등의 형식으로 간단명료하면서도 요령 있게 작성하도록 한다.

시나리오 쓰기

앞에서 썼던 자신의 이야기를 토대로 영화나 드라마, 애니메이션, 게임, 뮤지컬 등의 시나리오로 옮겨보자.

방법은 앞의 '전환연습'에서처럼 1) 이야기의 흐름 파악, 2) 핵심장면의 설정, 3) 본격적인 시나리오 작업 등의 순서로 진행하면 된다.

또한 시나리오 쓰기는 1) 신 번호, 2) 장소와 시간, 3) 지문과 대사, 4) 기호 등의 형식으로 하면 된다.

그런 다음 여러 사람 앞에서 발표한 뒤, 이야기의 핵심을 잘 파악하고 해당 매체에 맞는 시나리오로 적절히 변형했는지 함께 토론해보자.

"에필로그

이젠 글로벌 콘텐츠다"

글로벌 콘텐츠는 선택이 아닌 필수다 | 한류의 세계화 | 글로벌 콘텐츠를 개발하기 위해선 | 글로벌 소재를 찾아야 | 분야별 전문 스토리텔러 양성 | 열악한 제작현실 | 적극적인 해외시장 공략 | 산업기반 구축 | 〈실습과제 15〉 글로벌 콘텐츠 아이템 찾기 | 〈실습과제 16〉 문화콘텐츠 현장탐방

글로벌 콘텐츠는 선택이 아닌 필수다

　　현재 전 세계는 자본과 노동, 생산 등이 국경을 넘어 조직되는 이른바 '글로벌 경제시대'를 맞이하고 있다. 정보통신혁명과 생산기술혁명이 과거 민족단위로 진행되어오던 자본주의 경제체계를 근본적으로 변화시키고 있다. 예컨대 정보통신혁명은 글로벌 금융시장을 출현시켜 통화나 증권, 선물, 채권 시장에서 소위 '지리적 종말'을 가져왔다. 또한 생산기술 혁명은 생산의 국제화를 촉진시켜 기업들로 하여금 이윤이 나는 곳이면 어디서든지 생산활동을 가능케 했다. 그뿐만 아니라 지구촌 정보체계의 등장은 문화의 국경마저 허물고 있다. 예를 들어 할리우드에서 제작된 영화가 통신위성을 거쳐 전 세계의 TV 시청자에게 동시다발적으로 전달되고 있다.

　　또 최근엔 우리나라에서 만든 드라마나 영화가 글로벌 플랫폼을 통해 순식간에 전 세계로 퍼져나갈 수 있게 되었다.

　　이제 세계 문화콘텐츠 시장은 점점 더 동질화되고 있다. 그리하여 날이 갈수록 전 세계 시장을 대상으로 사업을 전개할 필요성이 증대되고 있다. 즉, 앞으로 문화콘텐츠 기업들은 글로벌 전략을 수립하여 전 세계적인 차원에서 사업을 전개해야 한다.

한류의 세계화

2000년대 이후 한국의 영화, 드라마, 음악, 게임, 캐릭터 등 다양한 콘텐츠가 해외로 뻗어나가 이른바 '한류열풍'을 이끌었다. 물론 그때만 해도 한류는 중국, 일본, 대만, 동남아 등 주로 아시아권에 국한되어 있었다.

하지만 2010년대 후반부터는 아시아를 넘어 중동, 유럽, 미주 등 전 세계로 확대되었다. 앞에서 보았던 것처럼 대중음악계에서는 대표적으로 방탄소년단(BTS)이 빌보드차트 1위를 기록하는 등 K팝을 이끌었다.

영화계에서도 대표적으로 〈기생충〉이 아카데미 시상식에서 4관왕(작품상, 감독상, 각본상, 국제영화상)을 차지했고, 드라마계에서는 〈오징어 게임〉에 출연한 배우 오영수가 한국인 최초로 골든글러브 남우조연상을 수상하는 등 K영상의 저력을 전 세계에 보여줬다. 그 결과 2020년대에는 K콘텐츠가 글로벌 주도권을 잡게 되었다.

이러한 한류열풍에 따라 한국어를 배우려는 움직임이 본격화되어 '한국어능력시험(TOPIK)'이 생겨나고, 2019년 기준 전 세계에서 한국어 강좌가 운영되는 대학이 107개국 1,395곳에 달하며, 미국 대학생들이 가장 많이 배우는 언어의 상위 10위에 한국어가 오르기도 했다. 또 한식, 한복, 한옥, 놀이문화 등 한국문화에 대한 세계인의 관심도 덩달아 커지게 되었다. 바야흐로 한국이 정치, 경제뿐 아니라 문화에서도 세계의 중심에 서게 된 것이다.

글로벌 콘텐츠를 개발하기 위해선

    요즘 한국 문화콘텐츠의 잇따른 성공으로 인해 세계인의 눈이 한국으로 쏠리고 있고, 우리가 만들어낸 콘텐츠에 대한 기대가 크게 높아지게 되었다. 그러므로 이제 우리는 전 세계인이 만족할 수 있는 글로벌 콘텐츠를 계속 개발해야 하는 상황에 처하게 되었다. 그렇다면 현재 한국 문화콘텐츠계의 문제점은 무엇이고, 어떻게 하면 전 세계 시장에서 인정받는 글로벌 콘텐츠를 지속적으로 개발할 수 있을까? 여기에서는 일반적인 콘텐츠 개발단계인 기획, 개발, 제작, 판매, 기타 정부정책 등의 측면에서 자세히 살펴보자.

글로벌 소재를 찾아야

먼저 기획 측면에서 한국 문화콘텐츠의 소재는 너무 한정되어 있다. 특히 제작사들이 인기몰이에만 급급한 채 이른바 '잘나가는' 소재만 계속 우려먹고 있다. 예를 들어 드라마의 경우는 앞에서도 얘기했듯이 출생의 비밀, 불륜 징치담, 고부갈등, 삼각관계, 신데렐라 콤플렉스, 암이나 백혈병 같은 치명적인 질병, 기억상실 등을 둘러싼 사랑이야기가 주를 이루고 있고, 영화의 경우에도 조폭이나 코믹, 학원물, 로맨스, 남북관계 등이 거의 대부분을 차지하고 있다.

그런데 최근 우리나라에 미국 드라마 바람이 불면서 그러한 분위기가 달라지고 있다. 한국식 백반을 가지고 맞서기에는 그들의 메뉴가 너무 다양하고, 그것을 수용하는 사람들의 열기 또한 너무 뜨겁다. 즉, 이제 우리나라 드라마의 경쟁상대가 같은 시간대의 타 방송사만이 아니라는 심각한 위기감을 갖게 한 것이다.

현재 이러한 소재의 한계를 극복하기 위한 방안으로는 크게 두 가지가 나와 있다. 하나는 한국 고유의 문화예술을 잘 살려 세계로 나가자는 것으로, 이른바 "가장 한국적인 것이 가장 세계적인 것이다"라는 말이 그 것이다.

다른 하나는 애초부터 동양적인 것을 강조하는 것이 아닌, 동양과 서양을 아우를 수 있는 콘텐츠를 개발하자는 것이다. 예를 들어 세계인이 모두 공감할 수 있는 사랑이나 욕망, 복수, 우정, 기후, 환경, 우주, 스포츠 등에 관한 콘텐츠가 바로 그것이다.

필자가 보기에도 글로벌 콘텐츠를 개발하기 위해선 우리나라의 문 화자원 중 세계인에게 어필할만한 소재나, 그렇지 않으면 전 세계를 관통 할 수 있는 소재를 찾아 작품으로 만드는 것이 중요하다고 본다. 대표적

〈난타〉 포스터
출처: 〈난타〉 포스터

인 예로 〈난타〉는 특수한 테마와 보편적인 테마를 모두 고려하여 만든 작품으로, 우리의 전통적인 사물놀이의 리듬에 서양의 공연양식을 접목하여 세계인의 이목을 집중시킨 사례라고 할 수 있다.

분야별 전문 스토리텔러 양성

둘째, 개발 측면에서 스토리텔링 능력의 부재를 들 수 있다. 문화콘텐츠의 핵심은 두말할 필요 없이 캐릭터 설정과 스토리 짜기 등 이야기 창작능력, 더 나아가 스토리텔링 능력이다. 참신한 캐릭터가 없으면 대중에게 호감을 얻을 수 없고, 재미있는 스토리가 아니면 콘텐츠가 오래갈 수 없기 때문이다. 우리나라 문화콘텐츠는 겉으로는 세련된 배우와 멋있는 분위기로 사람들의 눈길을 끌지만, 실제로는 알맹이 없이 일시적인 감정에 호소하거나 비슷비슷한 내용으로 관객에게 실망감을 안겨주는 경우가 많다.

대표적으로 드라마의 경우를 살펴보면, 한때 우리나라 TV드라마는 그야말로 사극(史劇)의 시대라고 해도 과언이 아니었다. MBC, KBS, SBS 공중파 3사가 저마다 비슷한 시간대에 사극을 방영한 탓에 자연히 시청자도 사극열풍에 빠져들지 않을 수 없었다. 과거 사극에 별로 관심이 없던 여성이나 청소년들까지도 그 시간대가 되면 가족들과 함께 앉아 TV를 시청하는데, 아마도 역사에 '왕의 사랑' 같은 인간적인 면을 많이 가미

하고 있었기 때문인 듯하다. 그런데 당시 한국의 사극은 대체로 중반부를 넘어가는 시점부터 우연성 남발이나 진부한 액션장면 및 사랑타령 등으로 작품성이 급격히 떨어지는 경향이 있었다. 초반에는 신선하고 다양한 에피소드와 빠른 전개로 시청자의 이목을 사로잡았지만, 시간이 지날수록 스토리텔링 능력의 부재로 이야기는 진부해지고 드라마의 템포도 급격히 늘어졌다.

1980년대 중반 〈영웅본색〉과 〈천녀유혼〉을 비롯한 홍콩영화의 열풍은 가히 '홍류(香流)'라 불려도 전혀 어색하지 않을 정도였다. 그런데 그렇게 잘나가던 홍콩영화가 어느 날 갑자기 우리 주변에서 사라진 이유는 뭘까? 필자가 보기에 그것은 비슷비슷한 이야기로 10여 년을 반복하면서 자기혁신에 실패했기 때문이 아닐까 한다. 그리하여 한때 할리우드 영화의 동양적 대안으로 여겨졌던 홍콩영화가 활로를 찾지 못하고 점점 사그라졌다. 우리의 한류도 이러한 흐름과 어느 정도 일치하고 있다는 느낌을 지울 수 없다.

정부와 교육기관은 이러한 상황을 인식하고 하루 빨리 분야별 전문 스토리텔러를 많이 양성하도록 노력해야 할 것이다. 미국과 일본은 전문 작가층이 두껍고, 직능별로 전문화·분업화되어 있다. 예컨대 디즈니사의 집필 작업도 전통적으로 한 명의 작가가 전체 시나리오를 맡지 않고, 스토리부서에 속한 작가들이 함께 작업하고 있다. 애니메이션 〈라이언 킹〉의 경우, 스크린 크레디트에 올라온 작가 이름만 해도 28명이나 되었다.

반면에 한국은 전문 작가층이 매우 부족한데, 특히 세계의 보편적인 문화에 대한 폭넓은 시각과 지식, 창의적 상상력을 갖춘 이른바 '글로벌 작가(Global Writer)'가 가장 취약한 실정이다. 그래서 세계적으로 내놓을 만한 문화상품이 많지 않은 형편이다.

더 나아가 앞으로는 콘텐츠의 원천소스, 곧 이야기 창작을 특히 중시해야 한다. 실제로 현재 우리나라 문화콘텐츠 관련 종사자들도 상품가치가 있는 독창적이고 생명력 있는 이야기의 부재를 가장 많이 호소하고 있다.

홍사종이 한 신문의 칼럼("'이야기' 발굴해야 한류가 산다",《동아일보》2005년 3월 21일자)에서 지적했듯이, 세계는 이미 이야기 전쟁시대에 돌입했다. 이제 IT, 곧 전자/정보사회의 태양은 지고, 성장의 핵심동력이 문화의 결정체인 이야기산업으로 옮겨가고 있다. 많은 시간과 인력 투자가 필요한 전자/정보산업보다 이야기산업이 더 많은 수익을 낼 수 있음은 이미 영국의 작가 조앤 롤링의 〈해리포터〉가 입증해주고 있다. 즉, 삼성전자의 수

〈해리포터〉의 작가 조앤 K. 롤링
출처: 네이버 블로그

출이익이 2005년 기준으로 3조 6천억 원이었다면, 〈해리포터〉는 연간 2조 원 이상의 커다란 수익을 만들어내고 있다. 한 개인의 상상력에서 출발한 이야기가 온 국민의 경제적 자산이 되고 있음을 보여주는 대표적인 사례라고 할 수 있다. 우리도 서둘러 그처럼 재능 있는 작가들을 많이 발굴하여 이제 막 불붙기 시작한 '이야기 전쟁시대'에 대비해야 할 것이다.

그와 함께 우리의 글쓰기 교육도 시대 흐름에 맞게 변화시켜야 하는데, 지금처럼 경직되고 억압적인 논술교육 위주에서 자유롭고 창의적인 이야기 창작교육을 강화할 필요가 있다. 그래서 어릴 때부터 창의력과 상상력 키우기 훈련을 받는다면, 우리나라도 획일적인 생각에서 벗어나 참신한 아이디어를 더 많이 확보할 수 있을 것이다.

끝으로 문화콘텐츠 제작사들도 프리 프로덕션, 곧 기획·개발 단계에 더 많은 투자를 해야 한다. 단적인 예로 할리우드의 경우는 시나리오 비용만 해도 제작비의 10% 정도를 책정하고 있다. 하지만 우리나라는 겨우 3%선에 그치고 있고, 그 대신 스타급 배우나 감독을 물색하는 데만 혈안이 되어 있다. 글로벌 콘텐츠는 기본에 가장 충실할 때만 나올 수 있다는 점을 꼭 기억했으면 싶다.

열악한 제작현실

셋째, 제작과 관련해서 한국 문화콘텐츠의 제작현실이 매우 열악하다는 것이다. 실제로 우리나라 문화콘텐츠는 메이저 업체들이 대부분의 투자자금(정부지원, 전문인력, 일거리 포함)을 독식하고 있다. 그들은 소위 '명성'에 힘입어 엄청난 투자자금을 확보하고 있지만, 기타 소규모 업체들은 투자자금을 확보하지 못해 심지어 자비를 들여서까지 콘텐츠를 제작하고 있는 실정이다. 그리하여 자금이 충실하지 못한 관계로 당연히 제작에 차질을 빚게 되고, 나아가 콘텐츠의 질이 떨어지는 결과를 낳고 있다. 이젠 투자자들도 단지 업체의 명성과 간판만 보고 투자할 것이 아니라 콘텐츠의 내용과 질을 보고 투자해야 할 것이다. 그리고 이에 대한 정부의 더욱 적극적인 자세가 필요한 듯하다.

또한 우리나라는 분명히 기술은 가지고 있는데, 그야말로 '기술'만 가지고 있는 실정이다. 지금도 일본과 미국의 애니메이션이나 게임 등의 제작과정에서 한국의 기술력은 상당한 힘을 발휘하고 있다. 그림이나 3D 작업, 기타 제작능력 등 기술적 측면은 거의 완벽에 가깝다고 한다.

하지만 문제는 내용의 부재다. 기술적 수준은 점점 나아지는 데 비해, 이야기의 수준은 별로 나아지지 않고 있다는 것이다. 이는 다른 무엇보다 인문학이나 예술학 등 기초학문 분야를 경시해온 사회적 풍토 때문이 아닐까 한다. 즉, 기술이나 마케팅 측면의 발전에만 신경을 썼지 문학이나 역사, 철학, 음악, 미술, 연극 등 문화예술 분야는 죽어가도록 방치했다는 것이다. 그런데 기본적으로 문화예술이 발달해야 그것을 바탕으로 드라마나 영화, 게임, 공연 등 다양한 콘텐츠를 개발할 수 있다. 게다가 최근 문화콘텐츠계의 동향은 점차 예술화·고급화 방향으로 선회하고 있다. 이는 대중이 더욱 품격 있고 자신만의 고유한 관심사를 반영한 콘텐츠를 찾고 있기 때문인 듯하다. 그러므로 이제라도 기초적인 문화예술 분야의 발전에 좀 더 많은 신경을 써야 할 것이다.

그와 더불어 개발이나 제작 과정에서 좀 더 적극적으로 외국문화를 받아들일 필요가 있다. 외국의 인력이나 기술을 들여와 함께 작업하면서 의견을 조율한다면, 외국과의 문화적 차이를 좁힐 수 있는 좋은 계기가 될 것이다. 예를 들어 그룹 '슈퍼주니어'는 멤버 가운데 한 명이 중국인인데, 그는 비록 한국에서는 큰 역할을 하지 않지만 중국에서는 팀의 중심적인 역할을 담당한다. 이처럼 개발이나 제작 과정에서 세계 여러 나라의 문화적 경험이 있거나 현지인을 영입하는 것도 글로벌 콘텐츠를 제작하는 하나의 방법인 듯하다.

적극적인 해외시장 공략

넷째, 판매와 관련해서 적극적인 해외시장 공략이 필요하다. 이제 우리나라도 할리우드 영화처럼 애초부터 해외시장을 염두에 두고 작품을 제작해야 한다. 예를 들어 영화 〈태극기 휘날리며〉는 한국 영화의 천만 관객 시대를 연 작품이기도 하지만, 일본에서도 개봉 후 2주 연속으로 박스 오피스 2위를 기록했다. 그 이유는 우선 〈태극기 휘날리며〉의 배경인 한국전쟁은 남한 측 참전국만도 총 21개국으로 외국인에게도 그리 낯설지 않다. 또한 전쟁 자체보다 형제간의 우애나 가족애가 스토리의 주축을 이루었기 때문에 한국전쟁에 대한 이해 없이도 감동을 느끼기에 충분했다. 나아가 당시 한류스타였던 장동건과 원빈의 캐스팅도 외국에서의 흥행에 한몫을 했다. 이처럼 〈태극기 휘날리며〉는 스토리 구성과 배우 캐스팅 등 이미 작품의 개발단계부터 해외수출을 염두에 두고 있었다.

마찬가지로 심형래 감독의 〈디워〉도 처음부터 우리나라뿐 아니라 세계시장으로 진출시킨다는 계획을 갖고 있었다. 그리하여 기획단계부터 철저히 시장조사를 하고 그에 맞는 작품을 제작한 결과, 이후 세계시

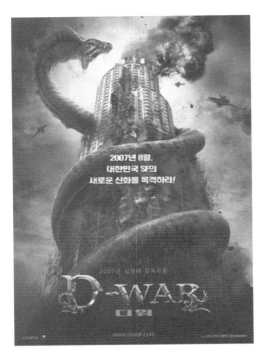

영화 〈디워〉

출처: 〈디워〉 영화 포스터

장에서도 어느 정도 성공을 거둘 수 있었다.

그뿐만 아니라 우리의 문화콘텐츠를 해외로 수출할 때는 좀 더 철저한 현지화 전략이 필요하다. 현지화란 단순히 한글을 중국어나 일본어, 영어로 바꾸는 것만이 아니라 해당 국가에 맞게 제품의 질을 업그레이드하는 것을 말한다. 그리고 만약 해당 국가의 정서에 맞지 않는다면 꼭 필요한 장면이라도 과감히 삭제할 수 있어야 한다. 예컨대 국내의 온라인게임시장에서 당당히 우위를 차지한 적이 있는 WOW(월드오브워크래프트)는 캐릭터에 한복을 입히거나 게임 속에 석가탑, 다보탑 같은 한국적 소재를 사용함으로써 더욱 뚜렷하게 현지화 노력을 보였고, 그 결과 큰 성공을 거두었다.

더 나아가 원소스 멀티유즈 마케팅 전략도 기획단계부터 더욱 적극적으로 구사할 필요가 있다. 최근 문화콘텐츠 마케팅의 가장 큰 특징은 연계산업, 곧 '원소스 멀티유즈(One Source Multi-use)' 마케팅 전략이다. 즉, 하나의 뛰어난 콘텐츠가 나오면 거기에서 끝나는 것이 아니라 다양한 장르에 접맥시켜 고부가가치를 얻는다. 요즘은 이렇게 콘텐츠가 흥행에 성공했다고 만족하지 않고, 관련 상품들을 계속 개발하여 지속적인 관심과 이익을 창출하려 하고 있다.

필자의 이전 저서(《문화콘텐츠학 강의: 깊이 이해하기》, 커뮤니케이션북스, 2007) 에서도 언급했듯이, 이는 현재 범세계적인 흐름으로 자리 잡아가고 있다. 할리우드의 블록버스터 영화, 예컨대 〈반지의 제왕〉이나 〈해리포터〉, 〈매트릭스〉 등을 보면, 처음 기획단계부터 영화와 게임, 애니메이션, 캐릭터, 음반 등에 이르기까지 다양한 분야와 연계해서 부가가치를 최대한 높이고 있다. 디즈니사의 애니메이션도 작품이 하나씩 나올 때마다 캐릭터를 다양하게 상품화하거나 OST와 DVD를 제작하는 등 여러 분야에 적용해서 높은 수익을 올리고 있다. 이웃 나라 일본도 사정은 마찬가지다. 일본에선 인기 있는 만화가 나오면 곧장 애니메이션이나 영화, 드라마, 게임, 캐릭터 등으로 다시 이용한다. 반면에 한국은 '멀티유즈화'라는 개념 자체가 생경할 정도로 여전히 불모지다. 우리나라는 아직도 기획단계부터 멀티유즈화를 염두에 두고 콘텐츠를 개발하는 것이 아니라 일단 개발해놓고 성공하면 그제야 부랴부랴 관련 상품들을 내놓고 있는 실정이다. 그리하여 콘텐츠의 생명력도 짧을뿐더러 수익도 별로 얻지 못하는 형편이다.

산업기반 구축

다섯째, 정부정책 측면에서 문화콘텐츠에 대한 직접적인 지원보다는 저작권 보호나 국민인식 개선, 전문인력 양성 등 산업기반 구축에 힘써야 한다.

우선 한국만큼 국가적인 차원에서 문화콘텐츠를 적극적으로 지원하는 나라는 거의 없을 것이다. 자원빈국의 입장에서 문화콘텐츠라는 고부가가치산업을 쉽게 포기할 수 없기 때문이다. 하지만 이젠 우리도 글로벌 콘텐츠를 계속 만들어내야 하는 상황에 처해 있는 이상 앞으로도 정부가 해야 할 일은 산적해있는 듯하다.

먼저 요즘 영화나 드라마 등 영상콘텐츠는 주로 글로벌 플랫폼인 넷플릭스, 디즈니플러스, 애플티브이플러스 등 온라인동영상서비스(OTT) 업체가 담당하고 있다. 물론 웨이브, 티빙, 왓챠, 쿠팡 플레이, 카카오 티브이 등 국내 플랫폼도 활약하고 있지만, 여전히 그들과 경쟁하기에는 많은 한계를 보이고 있다.

이로 인해 국내 영상콘텐츠 제작사들이 여러모로 불이익을 당하고 있다. 대표적인 예로 〈오징어 게임〉의 경우 글로벌 플랫폼업체인 넷플릭스는 제작비 249억 원을 투자해서 40배가 넘는 1조 398억 원을 벌어들인 것으로 알려져 있다. 하지만 우리나라 제작사인 싸이런픽쳐스는 제작비 외에 추가 수익을 전혀 얻지 못했다. 〈오징어 게임〉의 판권·저작권이 모두 넷플릭스에 있었기 때문이다. 그야말로 재주는 곰이 부리고 돈은 주인이 챙긴 꼴이 되고 말았다.

이젠 우리 정부도 글로벌 경쟁력을 갖춘 국산 플랫폼을 육성하도록 힘쓰는 한편, 우리나라 영상콘텐츠 제작사들이 어떤 경우에도 제값을 받을 수 있도록 적극적으로 보호해야 할 것이다.

다음으로 정부는 문화콘텐츠에 대한 국민인식을 개선시키기 위해 다각도로 노력해야 한다. 단적인 예로 만화의 경우, 일본은 하나의 정당한 문화로 인식하지만, 우리나라는 아직까지도 저질의 오락물로 여기고 있다. 그래서 만화를 보고 있으면 어른들에게 비난받기 일쑤다. 만화는 코흘리개 어린애나 읽는 것이고, 내용은 천박하고 웃기기만 하는 것이라고 말한다. 그런데 우리가 이처럼 만화를 유아문화라 하며 등한시하고 있을 때, 일본은 이미 거대한 자본과 뛰어난 기술력을 가지고 애니메이션을 제작하여 전 세계에 자국문화를 전파시키는 첨병으로 활용하고 있다. 그러므로 정부는 문화콘텐츠와 관련된 다양한 행사를 자주 개최하여 국민의 인식을 변화시켜야 할 것이다.

또한 정부는 문화콘텐츠 전문인력, 특히 앞에서 말한 것처럼 분야별 문화콘텐츠 전문 크리에이터나 스토리텔러를 많이 양성하도록 해야 한다. 이를 위해 다양한 분야의 콘텐츠 아이디어나 스토리텔링 공모전을 지원하고, 수상작의 경우는 가급적 실제 콘텐츠로 제작될 수 있도록 지원해 주어야 한다. 물론 요즘에도 만화나 영화, 방송, 공연, 게임 등의 공모전은 종종 실시되고 있지만, 나머지 캐릭터나 전시, 축제 등은 거의 없는 실정 이다. 그리고 안타깝게도 수상작들이 콘텐츠로 제작되지 못하고 그냥 묻 혀버리는 경우가 많다.

그와 함께 정부는 문화콘텐츠 관련 교육기관들로 하여금 이론과 실 습의 조화 및 현장실무의 교육을 실시할 수 있도록 지원해주어야 한다. 해외의 유수한 문화콘텐츠 교육기관들은 철저히 실습과 현장을 지향하 고 있으며, 현장에 의해 지배되는 교육을 하고 있다. 이젠 우리나라도 문 화콘텐츠 현장에서 필요로 하는 것들을 가르치고, 실무능력을 갖춘 전문 인력을 양성하도록 해야 할 것이다. 특히 산학협력과 인턴십 제도를 잘 활용하여 졸업과 동시에 현장에서 일할 수 있도록 해야 할 것이다.

기타 정부와 대학이 서로 연계하여 제대로 된 '글로벌콘텐츠연구개 발센터'를 설립했으면 싶다. 그래서 세계 문화콘텐츠 동향조사, 해외시장 개척방안, 글로벌 콘텐츠 연구개발 지원, 국제적 경쟁력을 갖춘 문화콘텐 츠 전문인력 집중양성, 글로벌 콘텐츠 개발 세미나와 강연회, 기술지도, 현장탐방 등 다양한 협력 프로그램을 진행했으면 한다.

더 나아가 학계와 정부, 현장 전문가가 서로 만나 '세계문화콘텐츠 포럼'을 결성하여 정기적으로 문화콘텐츠 관련 포럼이나 심포지엄을 개 최했으면 한다.

21세기는 명실상부한 글로벌 시대이고, 이젠 국내가 아닌 세계인과 어깨를 나란히 맞대고 살아가야 한다. 과거엔 우리나라 문화콘텐츠 산업

시장이 국내와 아시아권에 국한되었지만, 현재는 미주와 유럽, 중동, 아프리카 등 전 세계로 확대되었기 때문이다.

글로벌 콘텐츠 아이템 찾기

우리나라 문화자원 중 세계인에게 어필할만한 아이템이나, 그렇지 않으면 한국과 중국, 일본, 베트남, 중동, 유럽, 아프리카, 미주 등을 관통하는 아이템을 찾아보자.

그리고 나서 글로벌 콘텐츠로 개발할 수 있는 방안을 자유롭고 다각적으로 모색해본 다음, 여러 사람 앞에서 발표하고 함께 토론해보자.

실습과제 16

문화콘텐츠 현장탐방

문화콘텐츠를 전공하기 위해서는 이론과 실습만이 아니라 실제 현장에서 콘텐츠가 어떻게 개발되고 활용되는지 알아보는 것도 매우 중요하다. 그러므로 출판과 만화, 방송, 영화, 애니메이션, 게임, 캐릭터, 공연, 전시, 축제, 여행, 음반, 디지털콘텐츠, 모바일, 기타 신문, 잡지, 광고, 미술, 디자인, 스포츠 등의 관련 회사나 인물, 기관을 방문하여 다음과 같은 형식으로 인터뷰한 뒤, 간단한 보고서를 작성하여 리포트로 제출해보자.

1) 대상 소개, 2) 주요 부서와 업무, 3) 대표적인 콘텐츠의 제작과정-기획, 개발, 제작, 판매 등, 4) 근무조건과 어려움 및 장래성, 5) 소질과 적성, 배움터, 6) 현장탐방을 마치고 느낀 점

참고문헌

● 문화콘텐츠 ●

문병호,《문화산업시대의 문화예술교육》, 자연사랑, 2007.

박장순,《문화콘텐츠학 개론》, 커뮤니케이션북스, 2006.

송경희,《프로그램 제작비 지원제도》, 한국방송진흥원, 2002.

스가야 미노루 편저, 정순일 옮김,《동아시아의 미디어콘텐츠 유통》, 커뮤니케이션북스, 2005.

심상민,《컬처비지니스》, 위즈덤하우스, 2007.

양영균 외,《동북아 문화공동체 형성을 위한 한국 · 중국 · 일본의 대중문화산업에 대한 비교연구》,
통일연구원, 2004.

윤재식 · 정윤경,《세계 방송영상콘텐츠 유통 비즈니스》, 한국방송진흥원, 2002.

이기상,〈지구지역화와 문화콘텐츠〉,《인문콘텐츠》8, 인문콘텐츠학회, 2006.

이연정,《문화산업분야 산학협력 활성화 방안》, 한국문화관광정책연구원, 2004.

정창권,《문화콘텐츠학 강의: 깊이 이해하기》, 커뮤니케이션북스, 2007.

───,〈고전의 현대적 수용〉,《한국고전여성문학연구》15, 한국고전여성문학연구, 2007.

───,〈문화콘텐츠학, 어떻게 연구하고 가르칠 것인가〉,《동양한문학연구》24, 동양한문학회,
2007.

───,《문화콘텐츠학 강의: 쉽게 개발하기》, 커뮤니케이션북스, 2007.

───, 한미 FTA와 문화산업,《인물과 사상》2007년 8월호.

조은기 외,《글로벌 미디어 기업의 시장전략 연구》, 한국방송진흥원, 2001.

조준형, 〈텔레비전 드라마 외주제작 과정 연구〉, 고려대 대학원 신문방송학과, 2005.

채다희 외, 〈메타버스와 콘텐츠〉, 《KOCCA포커스》134, 한국콘텐츠진흥원, 2021.

채지영, 《문화산업 해외진출 지원정책 연구》, 한국문화관광정책연구원, 2006.

태지호, 〈문화콘텐츠 2.0, 어떻게 접근할 것인가〉, 《콘텐츠문화연구》1, 2019.

한국정보통신기자협회, 《해외시장 개척 이야기》, 시공사, 2006.

허영준, 〈외주정책 이후 방송산업의 제작·유통 구조변화에 관한 연구〉, 고려대 대학원 언론학과, 2004.

홍현정, 〈출판콘텐츠 다목적 활용방안에 관한 연구〉, 중앙대 신문방송대학원 석사학위논문, 2006.

《2020 콘텐츠산업 중장기 시장전망 연구》, 한국콘텐츠진흥원, 2020.

《2020 한류백서》, 한국국제문화교류진흥원, 2021.

《문화콘텐츠 산업발전을 위한 전문인력 양성방안》, 한국직업능력개발원, 2002.

《미래의 문화, 문화의 미래》, 문화관광부 정책자문위원회, 2007.

《중국 문화콘텐츠 시장의 발전과 우리기업의 진출전략》, 외교통상부, 2002.

《콘텐츠산업 2022년 전망 보고서》, 한국콘텐츠진흥원, 2022.

● 이야기 창작 ●

구본기·송성욱, 〈고전문학과 문화콘텐츠의 연계방안〉 사례발표, 《고전문학연구》25, 2004.

김중순, 《문화가 디지털을 만났을 때》, 계명대출판부, 2005.

김탁환, 〈고소설과 이야기문학의 미래〉, 《고소설연구》17, 한국고소설학회, 2004.

다니엘 디포, 김연수 옮김, 《로빈슨 크루소》, 웅진닷컴, 2001.

롤프 옌센, 서정환 옮김, 《드림 소사이어티》, 한국능률협회, 2000.

마이클 래비거, 양기석 옮김, 《작가의 탄생》, 커뮤니케이션북스, 2006.

마이클 콜먼, 이경덕 옮김, 《뜨끔뜨끔 동화 뜯어보기》, 주니어김영사, 2000.

부르노 베델하임, 《옛이야기의 매력 1》, 시공주니어, 1998.

샐리 오저스, 김현아 옮김, 《이야기 쓰는 법》, 아이북, 2004.

문화콘텐츠 스토리텔링

스티븐 코헨, 임병권·이호 옮김,《이야기하기의 이론》, 한나래, 1997.

오세은,〈옛 이야기의 현재적 창조와 의미 분석〉,《시학과 언어학》11, 2006.

오세정,〈이야기와 문화콘텐츠〉,《시학과 언어학》11, 시학과 언어학회, 2006.

이인영,〈스토리산업 활성화 방안에 관한 연구〉, 세종대 언론문화대학원 문화예술학과
　　　 석사학위논문, 2002.

조안 에이킨, 이영미 옮김,《꿈과 상상력을 담은 동화쓰기》, 백년글사랑, 2003.

조혜란,〈고전소설과 문화콘텐츠〉,《어문연구》50, 어문연구회, 2006.

한기호, "이야기성 있는 책이 기회다",《한겨레》2006년 12월 21일자.

한소진,《설화의 바다에서 퍼올린 한국 드라마》, 한국학술정보, 2005.

함복희,〈설화의 문화콘텐츠화 방안 연구〉,《어문논집》35, 2007.

홍사종, "'이야기' 발굴해야 한류가 산다",《동아일보》2005년 3월 21일자.

"이야기 사고 파는 사회",《고대신문》2008년 6월 2일자.

"이야기의 시대, 장르가 뜬다",《FILM 2.0》362, 2007년 11월 27일자.

"펜 끝에 터지는 로또",《조선일보》2006년 1월 21일자.

● 스토리텔링 ●

강석균,《맛있는 시나리오》, 시공사, 2004.

고은미 외,《문화콘텐츠와 스토리텔링》, 신아출판사, 2006.

국미숙,〈창작뮤지컬〈영원지애〉의 극작 및 무대형상화 과정 연구〉, 동국대 문화예술대학원
　　　 공연예술 전공, 2005.

김민주,《성공하는 기업에는 스토리가 있다》, 청림출판, 2003.

김성리,〈동화 '엄지공주'를 소재로 한 장신구 디자인 연구: 스토리텔링이 있는 장신구〉,
　　　 국민대학교 디자인대학원 주얼리디자인 전공 석사학위논문, 2006.

김성희,《방송드라마 창작 실기론》, 연극과 인간, 2001.

김영한 외,《태극기 마케팅》, 이지북, 2004.

김은혜,〈스토리텔링 광고에 관한 연구〉, 이화여대 디자인대학원 석사학위논문, 2004.

김의숙 · 이창식 편저, 《문화콘텐츠와 스토리텔링》, 역락, 2005.

김종혁, 《게임 시나리오 개론》, 사이버출판사, 2002.

김진, 〈기업경영에서 스토리텔링의 역할〉, 전북대 경영대학원 경영학과 석사학위논문, 2007.

김현화, 〈스토리텔링 기법을 응용한 패션문화상품 디자인 연구〉, 국민대 디자인대학원
　　　퓨전디자인학과 석사학위논문, 2007.

김형석, 《영화마케팅 비즈니스》, MJ 미디어, 1999.

김화섭, 《재미있는 스포츠, 돈버는 마케팅》, 살림, 1999.

김훈철 · 이상훈 · 장영렬, 《브랜드스토리 마케팅》, 멘토르, 2004.

노시훈, 《영화와 애니메이션을 위한 36가지 극적 플롯》2, 동인, 2004.

닐 D. 힉스, 이일범 옮김, 《헐리우드 영화 각본술》, 신아사, 2002.

로렌스 빈센트, 박주민 옮김, 《스토리로 승부하는 브랜드 전략》, 다리미디어, 2003.

류수열 외, 《스토리텔링의 이해》, 글누림, 2007.

류현주, 《컴퓨터게임과 내러티브》, 현암사, 2003.

박기수, 〈문화콘텐츠 스토리텔링의 생산적 논의를 위한 네 가지 접근법〉, 《한국언어문화》32,
　　　2006.

박성철, 《천재를 뛰어넘은 33인의 연습벌레들 2》, 다산어린이, 2007.

박소연, 《캐릭터 마케팅》, 소담출판사, 2003.

박인하, 《장르만화의 세계》, 살림, 2004.

백성과, 〈문화콘텐츠 시나리오 창작유형에 관한 연구〉, 중앙대 대학원 국어국문학과
　　　석사학위논문, 2004.

사이드 필드, 유지나 옮김, 《시나리오란 무엇인가?》, 민음사, 1992.

성하림, 〈이미지광고에서 브랜드스토리가 브랜드태도에 미치는 영향에 대한 연구〉, 홍익대학교
　　　광고홍보대학원 석사학위논문, 2007.

송승환, 《세계를 난타한 남자 문화CEO 송승환》, 북키앙, 2003.

송정란, 《스토리텔링의 이해와 실제》, 문학아카데미, 2006.

스카모토 준이치, 박기준 편역, 《스토리》, 다섯수레, 1998.

스티븐 데닝, 김민주 · 송희령 옮김, 《(기업 혁신을 위한) 스토리텔링》, 에코리브르, 2003.

스티븐 데닝, 안진환 옮김, 《스토리텔링으로 성공하라》, 을유문화사, 2006.

심산, 《한국형 시나리오 쓰기》, 해냄, 2004.

안경진, 〈작가의 스토리텔링 집필 직무 분석 및 지원 시스템의 설계〉, 한국과학기술원 석사학위논문, 2005.

안영순 · 노시훈, 《영화와 애니메이션을 위한 36가지 극적 플롯》 1, 동인, 2002.

유지은, 《Hi 캐릭터, Hello 마케팅》, 미래의 창, 2004.

유진희, 《TV드라마 잘쓰기》, 서울문학포럼, 2004.

━━━━, 《영화와 TV드라마를 위한 각색 입문서》, 삼보, 2007.

이남기, 《텔레비전을 만드는 사람들》, 커뮤니케이션북스, 2006.

이인화 외, 《디지털 스토리텔링》, 황금가지, 2003.

자넷 머레이, 한용환 · 변지연 공역, 《인터랙티브 스토리텔링》, 안그라픽스, 2001.

장기오, 〈TV드라마 각색의 사례연구〉, 서강대학교 언론대학원 방송전공 석사학위논문, 2006.

저건 울프 외, 윤보협 옮김, 《헐리우드 시나리오》, 미래와 사람들, 1998.

전윤경, 《영상과 시나리오》, 건국대출판부, 2001.

조은하 · 이대범, 《스토리텔링》, 북스힐, 2006.

조이 레이먼, 안진환 옮김, 《아이디어》, 교보문고, 2006.

최기준, 《만화 스토리 작법》, 우람, 1991.

최봉수, 《출판기획의 테크닉》, 살림, 1997.

최혜실, 《문화콘텐츠, 스토리텔링을 만나다》, 삼성경제연구소, 2006.

최혜실 외, 《문화산업과 스토리텔링》, 다할미디어, 2007.

크리스토퍼 보글러, 함춘성 옮김, 《신화, 영웅, 그리고 시나리오 쓰기》, 무우수, 2005.

클라우스 포그 외, 황신웅 옮김, 《스토리텔링의 기술》, 멘토르, 2008.

토미우리 진조, 조미라 · 고재운 옮김, 《애니메이션 시나리오 작법》, 모색, 1999.

홍재범, 〈희곡의 시나리오 전환과정 고찰(2)〉, 《어문학》 95, 한국어문학회, 2007.

"2007년 문화콘텐츠 산업 10대 전망", 문화콘텐츠진흥원, 2007년 2월 20일자.

"끝없는 드라마 돈의 전쟁, 왜?", 《마이데일리》 2007년 10월 28일자.

"비 키우면서 딱 하나 후회하는 건", 《조선일보》 2007년 7월 2일자.

"한국 드라마 사망시키는 5가지 장벽", 《세계일보》 2007년 3월 5일자.

"한국 드라마가 놓치지 말아야 할 것들", 《한겨레21》 2007년 7월 24일자.